Grammatik kurz & bündig
RUSSISCH

von
Renate und Nikolai Babiel

PONS GmbH
Stuttgart

PONS
Grammatik kurz & bündig
RUSSISCH

von
Renate und Nikolai Babiel

Dieses Werk ist inhaltlich identisch mit ISBN 978-3-12-561146-7.

Auflage A1 5 4 3 2 / 2013 2012 2011

© PONS GmbH, Rotebühlstraße 77, 70178 Stuttgart, 2010
PONS Produktinfos und Shop: www.pons.de
PONS Sprachenportal: www.pons.eu
E-Mail: info@pons.de
Alle Rechte vorbehalten.

Redaktion: Dr. Andreas Cyffka
Redaktionelle Mitarbeit: Lina Barth
Logoentwurf: Erwin Poell, Heidelberg
Logoüberarbeitung: Sabine Redlin, Ludwigsburg
Titelfoto: Vlado Golub, Stuttgart
Einbandgestaltung: Tanja Haller, Petra Schnur, Stuttgart
Layout: Ulrike Eisenbraun, Bad Urach
Satz: Fotosatz Kaufmann, Stuttgart
Druck und Bindung: Print Consult GmbH, Oettingenstraße 23, München

Printed in Slovak Republic.
ISBN: 978-3-12-561637-0

Erklärung der Grammatikbegriffe

Russisch	Latein	Deutsch
(и́мя) прилага́тельное	Adjektiv	Eigenschaftswort
наре́чие	Adverb	Umstandswort
вини́тельный паде́ж	Akkusativ	Wenfall
апостро́ф	Apostroph	Auslassungszeichen
арти́кль	Artikel	Geschlechtswort
да́тельный паде́ж	Dativ	Wemfall
указа́тельное местоиме́ние	Demonstrativpronomen	hinweisendes Fürwort
существи́тельноеже́нскогорода	Femininum	Substantiv weiblichen Geschlechts
бу́дущее вре́мя	Futur	Zukunft
повели́тельное наклоне́ние	Imperativ	Befehlsform
нача́льная фо́рма (глаго́ла)	Infinitiv	Grundform
междоме́тие	Interjektion	Ausrufewort
сою́з	Konjunktion	Bindewort
сослага́тельное наклоне́ние	Konjunktiv	Möglichkeitsform
согла́сный (звук)	Konsonant	Mitlaut
существи́тельноемужскогорода	Maskulinum	Substantiv männlichen Geschlechts
отрица́ние	Negation	Verneinung
существи́тельноесре́днегорода	Neutrum	Substantiv sächlichen Geschlechts
имени́тельный паде́ж	Nominativ	Werfall
прича́стие	Partizip	Mittelwort
страда́тельный зало́г	Passiv	Leideform
ли́чное местоиме́ние	Personalpronomen	persönliches Fürwort
мно́жественное число́	Plural	Mehrzahl
притяжа́тельное местоиме́ние	Possessivpronomen	besitzanzeigendes Fürwort
предло́г	Präposition	Verhältniswort
настоя́щее вре́мя	Präsens	Gegenwart
проше́дшее вре́мя	Präteritum	einfache Vergangenheit
местоиме́ние	Pronomen	Fürwort
относи́тельноеместоиме́ние	Relativpronomen	bezügliches Fürwort
еди́нственное число́	Singular	Einzahl
подлежа́щее	Subjekt	Satzgegenstand
существи́тельное	Substantiv	Hauptwort
синони́м	Synonym	Wort mit ähnlicher Bedeutung
си́нтаксис	Syntax	Satzlehre
глаго́л	Verb	Tätigkeitswort
гла́сный (звук)	Vokal	Selbstlaut

So benutzen Sie dieses Buch

Abkürzungen und Symbole

akk	Akkusativ	*nt*	Neutrum (sächlich)
dat	Dativ	*pers*	Person
d. h.	das heißt	*pf*	perfektiv
f	Femininum (weiblich)	*pl*	Plural
gen	Genitiv	*präp*	Präpositiv
impf	imperfektiv	*sg*	Singular
inst	Instrumental	*usw.*	und so weiter
m	Maskulinum (männlich)	*z. B.*	zum Beispiel
nom	Nominativ		

¹, ², ³ Anmerkung

Anmerkung: eine Ausnahme von der Regel, bzw. eine besonders komplizier-
te Regel

▶ Verweis auf ein anderes Kapitel in der Grammatik

⇨ ⇦ wichtiger Unterschied zwischen dem Russischen und dem Deutschen

Sie wollen die Regeln der russischen Sprache auf einfache und verständliche
Weise erlernen oder wiederholen, Sie möchten bei speziellen Fragen aber auch
schnell und gezielt nachschlagen können.

Die PONS Grammatik Russisch kurz & bündig bietet Ihnen eine übersichtliche
Darstellung der aktuellen russischen Sprache. Die klar formulierten Regeln
werden durch zahlreiche Beispiele mit deutschen Übersetzungen veranschau-
licht.

Die PONS Grammatik hilft Ihnen, typische Fehler zu umgehen, die gerade
deutschsprachigen Russisch Lernenden häufig passieren.

Wenn Sie etwas gezielt nachschlagen möchten, führt Sie das ausführliche
Stichwortregister im Anhang schnell zur richtigen Stelle. So wird die PONS
Grammatik zu Ihrem wertvollen Begleiter beim Erlernen der russischen Spra-
che.

Viel Spaß und Erfolg!

Inhalt

8 Наречия – Adverbien _____ 59

9 Глаголы – Verben _____ 60

Druck-schrift		Kursiv-schrift		Buchstaben-name	Aussprache der Buchstaben-namen
А	а	*А*	*а*	а	a
Б	б	*Б*	*б*	бэ	bä (ä dumpf und überall kurz)
В	в	*В*	*в*	вэ	wä
Г	г	*Г*	*г*	гэ	gä
Д	д	*Д*	*д*	дэ	dä
Е	е	*Е*	*е*	е	jä
Ё	ё	*Ё*	*ё*	ё	jo
Ж	ж	*Ж*	*ж*	жэ	schä (sch stimmhaft wie g in *Plantage*)
З	з	*З*	*з*	зэ	sä (s stimmhaft wie s in *Muse*)
И	и	*И*	*и*	и	i
Й	й	*Й*	*й*	и кра́ткое	i kratkoje
К	к	*К*	*к*	ка	ka
Л	л	*Л*	*л*	эль	äl
М	м	*М*	*м*	эм	äm
Н	н	*Н*	*н*	эн	än
О	о	*О*	*о*	о	o
П	п	*П*	*п*	пэ	pä
Р	р	*Р*	*р*	эр	är (r mit der Zungenspitze ge-rollt)
С	с	*С*	*с*	эс	äs (s stimmlos wie s in *Muße*)
Т	т	*Т*	*т*	тэ	tä
У	у	*У*	*у*	у	u
Ф	ф	*Ф*	*ф*	эф	äf
Х	х	*Х*	*х*	ха	cha

Ц	ц	**Ц**	**ц**	цэ	tsä
Ч	ч	**Ч**	**ч**	че	tschä
Ш	ш	**Ш**	**ш**	ша	scha
Щ	щ	**Щ**	**щ**	ща	scha (Zischlaut, „weich" und länger als **ш**)
	ъ		**ъ**	твёрдый знак	twjordyj snak, hartes Zeichen
	ы		**ы**	ы	ü mit Lippenstellung wie bei deutschem i
	ь		**ь**	мягкий знак	mjachkij snak, weiches Zeichen
Э	э	**Э**	**э**	э	ä
Ю	ю	**Ю**	**ю**	ю	ju
Я	я	**Я**	**я**	я	ja

2 Правописание – Rechtschreibung

Im Russischen gibt es sehr viele Rechtschreibregeln, deren Aufzählung den Rahmen dieser Grammatik sprengen würde. Da man Russisch als Fremdsprache in der Regel auf der Basis der Schriftsprache lernt, ist es am einfachsten, sich gleich von Anfang an die richtige Schreibweise der Wörter anzueignen. Unten finden Sie einige Regeln, die die gröbsten Fehler vermeiden helfen.

Groß- und Kleinschreibung

Wie im Deutschen fängt jeder Satz im Russischen mit einem Großbuchstaben an und endet mit einem Punkt. Russische Substantive werden nur am Satzanfang großgeschrieben.

Personennamen werden großgeschrieben, z. B. Vor-, Vaters- und Nachnamen:

Никола́й Влади́мирович Муравьёв   *Nikolai Wladimirowitsch Murawjow*

Wenn Eigennamen (geographische Namen, Theater, Museen etc.) aus zwei oder mehreren Wörtern bestehen, schreibt man in der Regel nur das (erste) Wort groß, das diesen Namen näher identifiziert:

Большо́й теа́тр	*Bolschoi-Theater*
Истори́ческий музе́й	*Historisches Museum*
Госуда́рственный	*Staatliches Historisches Museum*
истори́ческий музе́й	

In einigen Wortverbindungen, die einen besonders offiziellen Charakter haben, werden alle Wörter großgeschrieben, z. B.:

Президе́нт Росси́йской	*der Präsident der Russischen Föderation*
Федера́ции	

Vokale nach ж, ч, ш, щ / г, к, х / ц

Nach den Zischlauten **ж, ч, ш, щ** sowie nach **г, к, х** schreibt man immer **и, у, а** (und nicht **ы, ю, я**):

живо́т, чу́до, час, хи́трый	*Bauch, Wunder, Stunde, schlau*

Ausnahmen: Einige Fremdwörter wie z. B.:

жюри́, брошю́ра, парашю́т,	*Jury, Broschüre, Fallschirm,*
кюве́т	*Straßengraben*

Nach **ц** schreibt man immer **у, а** (und nicht **ю, я**):

цара́пать, царь	*kratzen, Zar*

Ausnahmen: Einige Eigennamen ausländischer Herkunft wie z. B.: **Цю́рих** (*Zürich*).

Nach **ц** sind sowohl **и** als auch **ы** möglich:

цирк, ци́фра, цыплёнок	*Zirkus, Zahl, Küken*

Nach **ц** und den Zischlauten **ж, ч, ш, щ** schreibt man in betonter Position **о**, in unbetonter **е**:

гаражо́м – пля́жем, отцо́м – бра́тцем

Zeichensetzung

Die Unterschiede zwischen der deutschen und der russischen Zeichensetzung, die am häufigsten übersehen werden, bestehen im wesentlichen in folgenden Punkten:

1. Satzteile, die durch die Konjunktionen **как ..., так и ...; ни ..., ни ...; или ..., или ...** eingeleitet werden, werden durch ein Komma getrennt. Die entsprechenden deutschen Konjunktionen werden dagegen nicht durch ein Komma getrennt:

Как ныря́ние, так и верхова́я	*Sowohl Tauchen als auch Reiten*
езда́ сто́ят мно́го де́нег.	*kostet viel Geld.*

Он сиди́т и́ли до́ма, и́ли в библиоте́ке.	*Er ist entweder zu Hause oder in der Bibliothek.*
У него́ нет ни вре́мени, ни рабо́ты.	*Er hat weder Geld noch Arbeit.*

Aber in feststehenden Wendungen auch ohne Komma:

Он ни ры́ба ни мя́со.	*Er ist weder Fisch noch Fleisch.*

2. Die direkte Rede wird im Russischen zusätzlich durch Gedankenstriche gekennzeichnet. Der Punkt steht in der direkten Rede vor dem Anführungszeichen. Ist die direkte Rede unterbrochen, so wird im Deutschen jeder Teil der direkten Rede in Anführungszeichen eingeschlossen, im Russischen wird dagegen die gesamte direkte Rede von Anführungszeichen eingeschlossen:

„Óчень жаль", – сказа́л профе́ссор."	*„Es tut mir leid", sagte der Professor.*
„Óчень жаль, – сказа́л профе́ссор, – что я ниче́м не могу́ помо́чь Вам."	*„Es tut mir leid", sagte der Professor, „dass ich Ihnen nicht helfen kann."*

<h1>3   Фоне́тика – Phonetik</h1>

Im Russischen werden die Laute im Unterschied zum Deutschen im hinteren Mund- / Rachenbereich artikuliert. Dadurch klingt die Sprache guttural und die Laute hören sich dumpfer an als im Deutschen. Die Hauptarbeit wird von der Zunge verrichtet, weniger durch Lippenbewegung und Öffnen des Mundes. Der Mund wird beim Sprechen tatsächlich kaum geöffnet, was zunächst schwerfällt, sich mit zunehmendem Training jedoch als sehr bequem erweist.

Weiche und harte Konsonanten

Eine deutsche Zunge dagegen muss allerhand dazulernen und sich in bisher ungeahnte Stellungen begeben, um russische Laute richtig zu artikulieren. Dies hängt u.a. mit der so genannten *Weichheit* bzw. *Härte* russischer Konsonanten zusammen. Die harten russischen Laute bereiten der deutschen Zunge in der Regel wenig Schwierigkeiten. Folgende harte Konsonanten weichen von der deutschen Aussprache ab:

р   hart (und weich)   wird immer durch Vibration der Zungenspitze erzeugt

л   hart   klingt wie ein l im Englischen

К, п und **т** werden im Unterschied zum Deutschen nicht behaucht gesprochen.

Im Russischen existieren fast alle Konsonanten doppelt: in einer harten Version, die zumeist der deutschen Aussprache gleicht, sowie in einer weichen Version. Die Vokale **э, ы, о, у, а** deuten auf einen vorausgehenden harten Konsonanten hin.

Was hat es nun mit der *Weichheit* von Konsonanten auf sich? Um Missverständnissen vorzubeugen – es handelt sich hier nicht um den Gegensatz zwischen stimmhaften und stimmlosen Lauten, wie etwa s in *Muse* oder *Muße*. Um weiche Konsonanten zu erzeugen, muss die Zunge fast der ganzen Länge nach an den Vordergaumen gelegt werden. Hierhin bewegt sich die Zunge bei fast jedem Konsonanten, der vor den folgenden Vokalbuchstaben steht: **е, ё, и, ю, я**.

Zum ersten Zungentraining weicher Lautverbindungen eignen sich folgende Wörter (Zunge so weit wie möglich anheben und an den Vordergaumen pressen):

е: неде́ля, земля́, тере́ть, ве́ник, де́ньги, дере́вня, те́терев;

и: пи́ли, ли́лия, ми́дия, биле́т, ги́ря, дизентери́я, кисе́ль;

ю: лю́тик, люби́ть, лю́ди, тюле́нь, тю́бик, кюве́т, нюх, пюре́;

я: зя́блик, мять, дя́дя, зять, мя́мля, ня́ня, пятидесятиле́тие;

ё: тётя, дёготь, нёбо, пелёнки, рёбра, рёв, сёрфинг.

> Eine Ausnahme zu dieser Regel bilden die vier Zischlaute **ж, ч, ш** und **щ** sowie der Buchstabe **ц**.

Die Zischlaute ж, ч, ш und щ sowie der Konsonant ц

In allen Lautverbindungen weich sind: **ч** und **щ**.

Grundsätzlich hart sind: **ж, ш** und **ц**.

Auch bei den Zischlauten und **ц** sind Gaumen und Zunge der Schlüssel zur richtigen Aussprache.
Beim weichen Konsonanten **ч** wird der Regel entsprechend die Zunge so weit wie möglich an den Vordergaumen gedrückt: **чай, час, ча́йка, чу́до, чума́.** Obwohl hier **а** und **у** nach **ч** stehen, und nicht etwa **я** und **ю**, wird die Lautverbindung weich gesprochen. Das unterscheidet **ч** auch vom deutschen *tsch*, etwa in *Tscheche* oder *Tschad*.
Ähnlich verhält es sich mit dem stimmlosen Konsonanten **щ**. Der Unterschied zum deutschen *sch*, etwa in *Schall*, besteht zum einen in der Weichheit, die dadurch entsteht, dass der Zungenrücken gegen den Gaumen gepresst wird: **ща́вель, щади́ть, щу́рить, щу́пать, щу́ка.** Zudem ist **щ** ungefähr doppelt so lang wie das deutsche *sch*.
Zur Aussprache der in allen Lautverbindungen harten Laute **ж, ш** und **ц** sollte der Kontakt von Zunge und Gaumen möglichst vermieden werden.
Wie bereits angedeutet, entspricht das stimmhafte **ж** etwa *g* in den Fremdwörtern *Bandage, Etage*, unterscheidet sich jedoch von der deutschen Aussprache dadurch, dass der Kontakt zwischen Zunge und Gaumen unterbleibt: **жена́,**

жир, жизнь, жюри́ werden also ohne Rücksicht auf die den vorausgehenden Konsonanten erweichenden **e, и** und **ю** hart ausgesprochen.

Ш ist das stimmlose Gegenstück zu **ж**. Zur Artikulation von **ш** liegt die Zunge in völliger Ruhestellung, sie darf den Vordergaumen nicht berühren. Ein weiterer Unterschied zum deutschen *sch* besteht darin, dass die Lippen an der Bildung von **ш** kaum beteiligt sind: Während sie angespannt werden, um beispielsweise *schade* auszusprechen, bleiben sie zur Aussprache von **ш** entspannt und öffnen sich nur leicht: **ши́на, шипо́вник, шерсть, ше́я**.

Ц entspricht in etwa dem deutschen *z*, mit dem Unterschied, dass wie bei **ш** der Kontakt der Zunge zum Vordergaumen so weit wie möglich unterbleibt und die Lippen nicht angespannt werden: **цирк, цита́та, цех, це́рковь**.

Das weiche und das harte Zeichen – ь und ъ

Wenn das weiche Zeichen **ь** am Ende eines Wortes oder zwischen zwei Konsonanten steht, dann wird der Konsonant vor **ь** immer weich ausgesprochen:

день = де[н'], слова́рь = слова́[р']; то́лько = то́[л']ко, бо́льно = бо́[л']но

Vor den Vokalbuchstaben **e, ё, и, ю, я** wirkt **ь** als Trennungszeichen, d. h. diese Vokale werden jotiert **[je, jë, jи, jy, jя]** und von den vorhergehenden Konsonanten getrennt (nach einer sehr kurzen Pause) ausgesprochen. Die dem weichen Zeichen vorausgehenden Konsonanten können vor den Vokalbuchstaben **e, ё, и, ю, я** sowohl weich als auch hart ausgesprochen werden: Das Attribut *weich* ist also in diesem Fall irreführend:

weich: **семья́ = се[м'já], судья́ = су[д'já]**
hart: **воробьи́ = воро[бjи́], муравьи́ = мура[вjи́]**

Dem Buchstaben **ъ** entspricht ebenfalls kein selbständiger Laut. Vor den Vokalbuchstaben **e, ё, и, ю, я** wirkt er ähnlich wie **ь** als Trennungszeichen. Konsonanten vor dem harten Zeichen werden mit einigen wenigen Ausnahmen tatsächlich hart ausgesprochen:

hart: **объе́зд = о[бjэ]зд, подъе́хать = по[дjэ]хать**
Aber: **адъюта́нт = а[д'jу]та́нт**

Das harte Zeichen tritt nur nach Präfixen auf.

Betonung

Im Russischen wird in jedem Wort eine Silbe betont. Diese wird im Verhältnis zu den nicht betonten Silben länger und deutlich gesprochen, ist jedoch kürzer als eine lange deutsche Silbe wie z. B. in Wörtern wie *Ruhm*, *Liebe*, *Wahn*. Nicht betonte Vokale werden sehr kurz und reduziert ausgesprochen, was bedeutet, dass sie „undeutlich" sowie entsprechend ihrer Stellung im Wort verschieden artikuliert werden. Lediglich die unbetonten Vokalbuchstaben **у – ю, ы – и** sowie **э** unterscheiden sich nicht wesentlich von den entsprechenden betonten Vokalen.

Der Vokalbuchstabe **ё** ist immer betont.

Zu wesentlichen Lautverschiebungen in unbetonter Stellung kommt es bei folgenden Vokalen: **a** und **o**; **e** und **я**.

Die Vokalbuchstaben a und o in unbetonter Stellung

Unbetontes **o** wird gleich ausgesprochen wie unbetontes **a**: wie, hängt von der Stellung im Wort ab:
Sowohl **a** als auch **o** werden im unbetonten Wortanlaut wie kurzes [a] ausgesprochen:

ава́рия	[а]ва́рия	**ого́нь**	[а]го́нь
арте́рия	[а]рте́рия**озо́н**	[а]зо́н	
арбу́з	[а]рбу́з	**океа́н**	[а]кеа́н

In der Silbe, die der betonten Silbe vorangeht, werden **a** und **o** ebenfalls als kurzes [a] gesprochen:

карма́н	к[а]рма́н	**Москва́**	М[а]сква́
сапо́г	с[а]по́г	**вода́**	в[а]да́
таба́к	т[а]ба́к	**кома́р**	к[а]ма́р

In allen anderen unbetonten Silben werden **a** und **o** wie ein sehr kurzer Vokal gesprochen, der in etwa **[ы]** entspricht:

самолёт	с[ы]молёт	**восхище́ние**	в[ы]схище́ние
мавзолей	м[ы]взолей	**колеба́ть**	к[ы]леба́ть
факульте́т	ф[ы]культе́т	**помеще́ние**	п[ы]меще́ние

Die Vokalbuchstaben e und я in unbetonter Stellung

Unbetontes **e** und **я** werden in unbetonter Stellung wie ein kurzer, in etwa dem **[и]** entsprechender Vokal ausgesprochen:

Петербу́рг	П[и]т[и]рбу́рг	**язы́к**	[и]зы́к
перестро́йка	п[и]р[и]стро́йка	**обяза́тельно**	об[и]за́тельно
дека́брь	д[и]ка́брь	**пятёрка**	п[и]тёрка

Im Unterschied zum Deutschen kann sich die Betonung jedoch, in Abhängigkeit vom Kasus, auf andere Silben verlagern. Dementsprechend variiert auch die Aussprache:

	Singular	Aussprache	Plural	Aussprache
Nominativ	стол	ст[о]л	столы́	ст[а]лы́
Genitiv	стола́	ст[а]ла́	столо́в	ст[а]ло́в
Dativ	столу́	ст[а]лу́	стола́м	ст[а]ла́м
Akkusativ	стол	ст[о]л	столы́	ст[а]лы́
Instrumental	столо́м	ст[а]ло́м	стола́ми	ст[а]ла́ми
Präpositiv	столе́	ст[а]ле́	стола́х	ст[а]ла́х

Auslauterhärtung

Wie im Deutschen verlieren stimmhafte Konsonanten am Wortende ihre Stimmhaftigkeit:

нож   но[ш]
четве́рг   четве́р[к]
францу́з   францу́[с]
бутербро́д бутербро́[т]
зуб   зу[п]
призы́в   призы́[ф]

Nebeneinanderstehende Konsonanten werden, im Unterschied zum Deutschen, stimmhaft oder stimmlos gesprochen – in Abhängigkeit von der Stimmhaftigkeit oder Stimmlosigkeit des zuletzt stehenden:

Stimmhafte Konsonanten werden stimmlos:		Stimmlose Konsonanten werden stimmhaft:	
кни́жка	кни́[ш]ка	**сбо́рник**	[з]бо́рник
по́дпись	по́[т]пись	**отбо́р**	о[д]бо́р
за́втрак	за́[ф]трак	**сде́лать**	[з]де́лать

Имена существительные – Substantive

Artikellosigkeit des Russischen

Russische Substantive haben keinen Artikel. Ob ein Substantiv bestimmt oder unbestimmt ist, ist für die Russen von geringer Relevanz (dafür interessieren sie sich aus ungeklärten Gründen sehr stark für Verbalaspekte (▶ Kap. 9).

Soll ein Substantiv dennoch näher bestimmt werden, können für diesen Zweck in Abhängigkeit vom Kontext Indefinit- und Demonstrativpronomen (▶ Kap. 6) (**како́й-то, э́тот** etc.) verwendet werden:

Она́ купи́ла себе́ маши́ну.	*Sie hat sich das/ein Auto gekauft.*
Она́ купи́ла себе́ каку́ю-то маши́ну.	*Sie hat sich irgendein Auto gekauft.* (Man weiß nichts über das Auto).
Дай мне, пожа́луйста, отвёртку!	*Gib mir bitte den/einen Schraubenzieher!*
Дай мне, пожа́луйста, э́ту отвёртку!	*Gib mir bitte diesen Schraubenzieher!*

Russische Kasus und ihre Funktionen

Russische Substantive werden dekliniert, wobei sie je nach Kasus unterschiedliche Endungen bilden. Die Betonung kann sich innnerhalb eines Wortes in Abhängigkeit vom Kasus verschieben.

Im Russischen gibt es sechs Kasus, die im wesentlichen auf folgende Fragen antworten:

Nominativ	**Имени́тельный паде́ж**	**Кто? Что?**	*Wer? Was?*
Genitiv	**Роди́тельный паде́ж**	**Кого́? Чего́?**	*Wessen?*
Dativ	**Да́тельный паде́ж**	**Кому́? Чему́?**	*Wem?*
Akkusativ	**Вини́тельный паде́ж**	**Кого́? Что?**	*Wen?*
Instrumental	**Твори́тельный паде́ж**	**Кем? Чем?**	*Womit? Von wem?*
Präpositiv	**Предло́жный паде́ж**	**О ком? О чём?**	*Über wen?* *Worüber?*

Die ersten vier Kasus werden ähnlich verwendet wie im Deutschen.

Instrumental   HO✳(m) ∏esser S.27 Dekl.

Der Instrumental deutet auf ein „Instrument" hin, d. h. eine Person, einen Gegenstand oder einen Prozess, die eine bestimmte Handlung verursachen:

Я ре́жу ножо́м inst **хлеб.**	*Ich schneide mit dem Messer Brot.*
Реше́ние при́нято **коми́ссией** inst.	*Die Entscheidung wurde von der* *Kommission getroffen.*

Viele Verben und Präpositionen verlangen den Instrumental rein formal, ohne dass die oben beschriebene Bedeutung beibehalten bleibt:

Мой знако́мый интересу́ется **жи́вописью** inst.	*Ein Bekannter von mir interessiert* *sich für Malerei.*
Ла́мпа виси́т над столо́м inst.	*Die Lampe hängt über dem Tisch.*

Präpositiv

Der Präpositiv wird nur in Verbindung mit einigen Präpositionen (meistens nach der Frage **где?** – *wo?*) verwendet:

Де́ньги при мне präp.	*Ich habe das Geld dabei.*
Ма́ша рабо́тает в ба́нке präp.	*Mascha arbeitet bei einer Bank.*

 Bitte beachten Sie, dass sich der Gebrauch der russischen Kasus nach vielen Verben und Präpositionen von dem der deutschen stark unterscheiden kann:

Благодарю́ Вас akk **за** **приглаше́ние!**	*Ich danke Ihnen* dat *für die* *Einladung!*
Поздравля́ем тебя́ akk **с** **днём рожде́ния!**	*Wir gratulieren Dir* dat *zum* *Geburtstag!*
Мы не занима́емся у́тренней **заря́дкой** inst.	*Wir treiben keinen Frühsport* akk.
Диске́та лежи́т на столе́ präp.	*Die Diskette liegt auf dem* *Tisch* dat.

Grammatisches Geschlecht

Für die Deklination von Substantiven ist ihr grammatisches Geschlecht wichtig. Nach ihrem grammatischen Geschlecht lassen sich alle russischen Substantive entsprechend ihren Endungen in drei Gruppen aufteilen:

Maskulina	Feminina	Neutra
1. Alle Substantive auf harte Konsonanten und **-й**: **стол, я́щик, музе́й** *Tisch, Kiste, Museum*	1. Die meisten Substantive auf **-а, -я, -ь**: **страна́, неде́ля, крова́ть** *Land, Woche, Bett*	Alle Substantive auf **-о, -е, -мя**: **окно́, мо́ре, вре́мя** *Fenster, Meer, Zeit*
2. Viele Substantive auf **-ь**: **руль, день** *Lenkrad, Tag*	2. Alle Substantive auf **-жь, -чь, -шь, -щь**: **рожь, ночь, мышь, вещь** *Roggen, Nacht, Maus, Sache*	

Deklinationsmodelle

Allgemeine Hinweise

Je nach Geschlecht und Endung im Nominativ Singular bilden russische Substantive bei der Deklination unterschiedliche Endungen, die in einigen Deklinationsmodellen zusammengefasst werden können.

Allgemeine Hinweise zur Deklination:

1. Viele russische Substantive wechseln bei der Deklination im Singular und/oder im Plural ihre Betonung: **стол ▶ стола́** usw. Leider gibt es kaum verlässliche Regeln zum Betonungswechsel, deshalb ist es ratsam, im Zweifelsfall ein Wörterbuch zu Rate zu ziehen.
2. Zahlreiche russische Substantive werden abweichend von der Regel dekliniert (von der Norm abweichende Pluralbildung, Einschub von Schaltvokalen etc.). Daher ist es empfehlenswert, die Deklination von Substantiven im Wörterbuch nachzuschlagen.

Belebte und unbelebte Substantive

Grammatikalisch gesehen sind sämtliche Bezeichnungen für Menschen und Tiere belebte Substantive, alle anderen Substantive sind unbelebt. Diese Erkenntnis ist für die Deklination der Substantive von großer Wichtigkeit, denn:

1. Belebte Maskulina haben im Genitiv und Akkusativ Singular die gleichen Formen. Alle belebten Substantive haben im Genitiv und Akkusativ Plural die gleichen Formen.
2. Alle unbelebten Maskulina, Feminina auf -ь und Neutra haben im Nominativ und Akkusativ Singular die gleichen Formen. Alle unbelebten Substantive haben im Nominativ und Akkusativ Plural die gleichen Formen.

Die Kategorie der Belebtheit wirkt sich außerdem auf sämtliche einem Substantiv zugeordneten Attribute aus: Adjektive, Partizipien usw. folgen ebenfalls diesem Prinzip und werden je nachdem, ob sie sich auf eine Bezeichnung für Menschen und Tiere oder auf ein unbelebtes Substantiv beziehen, unterschiedlich dekliniert (▶ Kap. 5 Adjektivdeklination).

Deklination von Feminina

Grammatische Feminina auf -a / -я / Natürliches Geschlecht

Da es sich beim Geschlecht der Substantive um das grammatische Geschlecht handelt, gehören zu den grammatischen Feminina auch einige Substantive mit den femininen Endungen **-a** / **-я**, deren natürliches Geschlecht jedoch männlich ist, wie z. B.:

де́душка, ю́ноша, дя́дя *Großvater, Jugendlicher, Onkel*

Auch einige zweigeschlechtliche Substantive sind grammatische Feminina, z. B.:

пья́ница *der Trinker / die Trinkerin*
сирота́ *der Waisenjunge / das Waisenmädchen*
пла́кса *die Heulsuse* (männlich oder weiblich)

Dies ist von Bedeutung, da sich dem Substantiv zugeordnete Attribute wie Adjektive, Partizipien u. a., ebenso wie Verben in der Regel nach dem natürlichen, und nicht nach dem grammatischen Geschlecht richten:

Мой (m) **де́душка люби́л** (m) *Mein Großvater trank gerne Wein.*
пить вино́.

Feminina mit hartem Stammauslaut, г, к, х im Stammauslaut und der Endung -a

		Feminina mit hartem Stammauslaut und der Endung -a		Feminina mit г, к, х im Stammauslaut und der Endung -a	
		belebt	unbelebt	belebt	unbelebt
Singular	**Nominativ**	ма́ма	маши́на	стару́ха	кни́га
	Genitiv	ма́мы	маши́ны	стару́хи [1]	кни́ги [1]
	Dativ	ма́ме	маши́не	стару́хе	кни́ге
	Akkusativ	ма́му	маши́ну	стару́ху	кни́гу
	Instrumental	ма́мой	маши́ной	стару́хой	кни́гой
	Präpositiv	(о) ма́ме	(о) маши́не	(о) стару́хе	(о) кни́ге
Plural	**Nominativ**	ма́мы	маши́ны	стару́хи [1]	кни́ги [1]
	Genitiv	мам	маши́н	стару́х	кни́г
	Dativ	ма́мам	маши́нам	стару́хам	кни́гам
	Akkusativ	мам	маши́ны	стару́х	кни́ги [1]
	Instrumental	ма́мами	маши́нами	стару́хами	кни́гами
	Präpositiv	(о) ма́мах	(о) маши́нах	(о) стару́хах	(о) кни́гах
	Deutsch:	*Mama*	*Auto*	*alte Frau*	*Buch*

[1] Laut Rechtschreibregeln stehen nach г, к, х immer и, у, а (und nicht ы, ю, я), deshalb in der Endung: и statt ы.

Feminina mit den Zischlauten ж, ч, ш, щ oder ц im Stammauslaut und der Endung -a

		Feminina mit den Zischlauten ж, ч, ш, щ im Stammauslaut und der Endung -a		Feminina mit ц im Stammauslaut und der Endung -a	
		belebt	unbelebt	belebt	unbelebt
Singular	**Nominativ**	тёща	свеча́	овца́	пе́речница
	Genitiv	тёщи [1]	свечи́ [1]	овцы́	пе́речницы
	Dativ	тёще	свече́	овце́	пе́речнице
	Akkusativ	тёщу	свечу́	овцу́	пе́речницу
	Instrumental	тёщей [2]	свечо́й [2]	овцо́й [2]	пе́речницей [2]
	Präpositiv	(о) тёще	(о) свече́	(об) овце́	(о) пе́речнице
Plural	**Nominativ**	тёщи [1]	све́чи [1]	о́вцы	пе́речницы
	Genitiv	тёщ	свече́й [4]	ове́ц [3]	пе́речниц
	Dativ	тёщам	свеча́м	о́вцам	пе́речницам
	Akkusativ	тёщ	све́чи	ове́ц [3]	пе́речницы
	Instrumental	тёщами	свеча́ми	о́вцами	пе́речницами
	Präpositiv	(о) тёщах	(о) свеча́х	(об) о́вцах	(о) пе́речницах
	Deutsch:	*Schwiegermutter (Mutter der Ehefrau)*	*Kerze*	*Schaf*	*Pfefferstreuer*

[1] Laut Rechtschreibregeln stehen nach den Zischlauten ж, ч, ш, щ immer и, у, а (und nicht ы, ю, я), deshalb in der Endung: и statt ы.

[2] Nach den Zischlauten ж, ч, ш, щ und ц schreibt man in betonter Position о, in unbetonter е: пе́речницей – овцо́й.

[3] ▶ Kap. 4 Feminina auf -а / -я mit Schaltvokalen -о-, -е-, -ё-

[4] Einige Substantive dieser Gruppe (z. B. свеча́, ю́ноша – *Jugendlicher*) bilden den Genitiv Plural abweichend von der Regel auf die Endung -ей: свеча́ ▶ свече́й, ю́ноша ▶ ю́ношей. Aber nach Regel: да́ча ▶ дач (*Datscha*).

Feminina mit weichem oder vokalischem Stammauslaut und der Endung -я (außer Feminina auf -ья)

		Feminina mit weichem Stammauslaut und der Endung -я (außer Feminina auf -ья)		Feminina mit vokalischem Stammauslaut und der Endung -я (außer Feminina auf -ия)		Feminina auf -ия
		belebt	unbelebt	belebt	unbelebt	unbelebt
Singular	Nominativ	боги́ня	я́блоня	змея́	алле́я	ака́ция
	Genitiv	боги́ни	я́блони	змеи́	алле́и	ака́ции
	Dativ	боги́не	я́блоне	змее́	алле́е	ака́ции
	Akkusativ	боги́ню	я́блоню	змею́	алле́ю	ака́цию
	Instrumental	боги́ней¹	я́блоней¹	змеёй¹	алле́ей¹	ака́цией¹
	Präpositiv	(о) боги́не	(о) я́блоне	(о) змее́	(об) алле́е	(об) ака́ции
Plural	Nominativ	боги́ни	я́блони	зме́и	алле́и	ака́ции
	Genitiv	боги́нь	я́блонь	змей	алле́й	ака́ций
	Dativ	боги́ням	я́блоням	зме́ям	алле́ям	ака́циям
	Akkusativ	боги́нь	я́блони	змей	алле́и	ака́ции
	Instrumental		я́блонями	зме́ями		
	Präpositiv		(о) я́блонях	(о) зме́ях		
	Deutsch:	*Göttin*	*Apfelbaum*	*Schlange*	*Allee*	*Akazie*

¹ Nach weichen Konsonanten und Vokalen schreibt man in betonter Position ё, in unbetonter **e**.

Einige femininen Substantive mit der Endung **-ня**, die auf einen Konsonanten folgt, bilden im Genitiv Plural eine harte Endung ohne **-ь** am Wortende:

				Aber:		
ба́шня	▶	ба́шен	*Turm*	дере́вня	▶	дереве́нь	*Dorf*
пе́сня	▶	пе́сен	*Lied*	ку́хня	▶	ку́хонь	*Küche*

Feminina auf -ья

		Feminina auf -ья	
		belebt	**unbelebt**
Singular	**Nominativ**	Ма́рья	семья́
	Genitiv	Ма́рьи	семьи́
	Dativ	Ма́рье	семье́
	Akkusativ	Ма́рью	семью́
	Instrumental	Ма́рьей [1]	семьёй [1]
	Präpositiv	(о) Ма́рье	(о) семье́
Plural	**Nominativ**	Ма́рьи	се́мьи
	Genitiv	Ма́рий	семе́й
	Dativ	Ма́рьям	се́мьям
	Akkusativ	Ма́рий	се́мьи
	Instrumental	Ма́рьями	се́мьями
	Präpositiv	(о) Ма́рьях	(о) се́мьях
Deutsch:		*Marja* (Frauenname)	*Familie*

[1] Nach weichen Konsonanten und Vokalen schreibt man in betonter Position **ё**, in unbetonter **e**.

Feminina auf -a, -я mit den Schaltvokalen -o-, -e- und -ё-

Schaltvokal -o-

Viele Feminina mit einem harten konsonantischen Stammauslaut und der Endung **-ка** schieben im Genitiv Plural (belebte Feminina auch im Akkusativ Plural) den Schaltvokal **-o-** zwischen **-к** und dem vorausgehenden harten Konsonanten ein, z. B.:

доска́	▶ досо́к	*Tafel*
стре́лка	▶ стре́лок	*Zeiger*
пала́тка	▶ пала́ток	*Zelt*

Der Schaltvokal **-o-** steht im Genitiv Plural auch bei einigen anderen Feminina, die nicht auf **-ка** enden, z. B.:

ку́кла	▶ ку́кол	*Puppe*
ку́хня	▶ ку́хонь	*Küche*

Schaltvokal -e-

Viele Feminina mit der Endung **-a / -я** nach zwei Konsonanten schieben im Genitiv Plural (belebte Feminina auch im Akkusativ Plural) zwischen den beiden Endkonsonanten den Schaltvokal **-e-** ein, z. B:

до́чка	▶ до́чек	*Tochter*
де́вочка	▶ де́вочек	*Mädchen*
ба́шня	▶ ба́шен	*Turm*

копейка	►	копе́ек [1]	*Kopeke*
пе́сня	►	пе́сен	*Lied*
сва́дьба	►	сва́деб [2]	*Hochzeit*
сосна́	►	со́сен	*die Kiefer*

[1] Der Schaltvokal -e- ersetzt hier й.
[2] Der Schaltvokal -e- ersetzt hier ь.

Schaltvokal -ё-

In seltenen Fällen weisen Feminina auf -a / -я im Genitiv Plural den Schaltvokal -ё- auf, z. B:

серьга́	►	серёг	*Ohrring*
сестра́	►	сестёр	*Schwester*

Feminina auf -ь und das Maskulinum путь

		Feminina auf -ь (außer -жь, -чь, -шь, -щь)		Feminina auf -жь, -чь, -шь,-щь	
		belebt	unbelebt	belebt	unbelebt
Singular	**Nominativ**	форе́ль	тетра́дь	мышь	вещь
	Genitiv	форе́ли	тетра́ди	мы́ши	ве́щи
	Dativ	форе́ли	тетра́ди	мы́ши	ве́щи
	Akkusativ	форе́ль	тетра́дь	мышь	вещь
	Instrumental	форе́лью	тетра́дью	мы́шью	ве́щью
	Präpositiv	(о) форе́ли	(о) тетра́ди	(о) мы́ши	(о) ве́щи
Plural	**Nominativ**	форе́ли	тетра́ди	мы́ши	ве́щи
	Genitiv	форе́лей	тетра́дей	мыше́й	веще́й
	Dativ	форе́лям	тетра́дям	мыша́м [1]	веща́м [1]
	Akkusativ	форе́лей	тетра́ди	мыше́й	ве́щи
	Instrumental	форе́лями	тетра́дями	мыша́ми [1]	веща́ми [1]
	Präpositiv	(о) форе́лях	(о) тетра́дях	(о) мыша́х	(о) веща́х
	Deutsch:	*Forelle*	*Heft*	*Maus*	*Sache*

[1] Laut Rechtschreibregeln stehen nach den Zischlauten ж, ч, ш, щ sowie nach г, к, х immer и, у, а (und nicht ы, ю, я), deshalb in der Endung: а statt я.

Das maskuline Substantiv **путь** (*Weg*) wird wie ein endbetontes Femininum auf -ь dekliniert, im Instrumental Singular hat es abweichend von der Regel die Form **путём**.

Feminina auf -ь: Ausnahmen

Eine Reihe von Feminina auf **-ь** weisen bei der Deklination einige Besonderheiten auf. Die wichtigsten Ausnahmen sind in dieser Tabelle aufgeführt.

		Feminina auf -ь: Ausnahmen		
		belebt	belebt	unbelebt	unbelebt
Singular	**Nominativ**	мать	дочь	це́рковь	любо́вь
	Genitiv	ма́тери [1]	до́чери [1]	це́ркви [2]	любви́ [2]
	Dativ	ма́тери	до́чери	це́ркви	любви́
	Akkusativ	мать	дочь	це́рковь	любо́вь
	Instrumental	ма́терью	до́черью	це́рковью	любо́вью
	Präpositiv	(о) ма́тери	(о) до́чери	(о) це́ркви	(о) любви́
Plural	**Nominativ**	ма́тери	до́чери	це́ркви	kein Plural
	Genitiv	матере́й	дочере́й	церкве́й	
	Dativ	матеря́м	дочеря́м	церква́м	
	Akkusativ	матере́й	дочере́й	це́ркви	
	Instrumental	матеря́ми	дочеря́ми	церква́ми	
	Präpositiv	(о) матеря́х	(о) дочеря́х	(о) церква́х	
	Deutsch:	*Mutter*	*Tochter*	*Kirche*	*Liebe*

[1] Die Substantive **мать** und **дочь** bilden in allen Kasus außer Nominativ und Akkusativ Singular den Wortstamm auf **-ер**.
[2] Bei einigen Feminina fällt im Genitiv, Dativ und Präpositiv Singular (bei **це́рковь** auch in allen Pluralformen) der Stammvokal **-о-** weg. Nach diesem Muster werden auch **ложь, рожь** (*Lüge, Roggen*) dekliniert: **лжи, ржи** etc.

Aber: **морко́вь, свекро́вь** (*Möhre, Schwiegermutter der Ehefrau*) werden regelmäßig dekliniert: **морко́ви, свекро́ви** etc.

Deklination von Maskulina

Das Fremdwort **ко́фе** (*Kaffee*) bleibt bei der Deklination unverändert.

Maskulina mit hartem Konsonanten und г, к, х im Stammauslaut

		Maskulina mit hartem Konsonanten im Stammauslaut		Maskulina mit г, к, х im Stammauslaut	
		belebt	unbelebt	belebt	unbelebt
Singular	Nominativ	студе́нт	пруд	лётчик	пирог
	Genitiv	студе́нта	пруда́	лётчика	пирога́
	Dativ	студе́нту	пруду́	лётчику	пирогу́
	Akkusativ	студе́нта	пруд	лётчика	пирог
	Instrumental	студе́нтом	прудо́м	лётчиком	пирого́м
	Präpositiv	(о) студе́нте	(о) пруде́	(о) лётчике	(о) пироге́
Plural	Nominativ	студе́нты	пруды́	лётчики [1]	пироги́ [1]
	Genitiv	студе́нтов	прудо́в	лётчиков	пирого́в
	Dativ	студе́нтам	пруда́м	лётчикам	пирога́м
	Akkusativ	студе́нтов	пруды́	лётчиков	пироги́ [1]
	Instrumental	студе́нтами	пруда́ми	лётчиками	пирога́ми
	Präpositiv	(о) студе́нтах	(о) пруда́х	(о) лётчиках	(о) пирога́х
Deutsch:		*Student*	*Teich*	*Pilot*	*Kuchen*

[1] Laut Rechtschreibregeln stehen nach **г, к, х** immer **и, у, а** (und nicht **ы, ю, я**), deshalb in der Endung: **и** statt **ы**.

Maskulina mit den Zischlauten ж, ш, ч, щ oder ц im Stammauslaut

		Maskulina mit den Zischlauten ж, ш, ч, щ im Stammauslaut		Maskulina mit ц im Stammauslaut	
		belebt	unbelebt	belebt	unbelebt
Singular	Nominativ	врач	марш	жеребе́ц	па́лец
	Genitiv	врача́	ма́рша	жеребца́ [3]	па́льца [3]
	Dativ	врачу́	ма́ршу	жеребцу́	па́льцу
	Akkusativ	врача́	марш	жеребца́	па́лец
	Instrumental	врачо́м [1]	ма́ршем [1]	жеребцо́м [1]	па́льцем [1]
	Präpositiv	(о) враче́	(о) ма́рше	(о) жеребце́	(о) па́льце
Plural	Nominativ	врачи́ [2]	ма́рши [2]	жеребцы́	па́льцы
	Genitiv	враче́й	ма́ршей	жеребцо́в	па́льцев
	Dativ	врача́м	ма́ршам	жеребца́м	па́льцам
	Akkusativ	враче́й	ма́рши	жеребцо́в	па́льцы
	Instrumental	врача́ми	ма́ршами	жеребца́ми	па́льцами
	Präpositiv	(о) врача́х	(о) ма́ршах	(о) жеребца́х	(о) па́льцах
Deutsch:		*Arzt*	*Marsch*	*Hengst*	*Finger*

1. Nach den Zischlauten **ж, ч, ш, щ** und **ц** schreibt man in betonter Position **o**, in unbetonter **e**.
2. Laut Rechtschreibregeln steht nach den Zischlauten **ж, ч, ш, щ** immer **и, у, а** (und nicht **ы, ю, я**), deshalb in der Endung: **и** statt **ы**.
3. ▶ Kap. 4 Maskulina mit flüchtigem **-o- / -e-**

Maskulina auf -ь, -анин / -янин und -ёнок / -онок

		Maskulina auf -ь		Maskulina auf -анин / -янин	Maskulina auf -ёнок / -онок
		belebt	unbelebt	belebt	
Singular	**Nominativ**	строи́тель	слова́рь	граждани́н	цыплёнок
	Genitiv	строи́теля	словаря́	граждани́на	цыплёнка [4]
	Dativ	строи́телю	словарю́	граждани́ну	цыплёнку
	Akkusativ	строи́теля	слова́рь	граждани́на	цыпалёнка
	Instrumental	строи́телем [1]	словарём [1]		
	Präpositiv	(о) строи́теле	(о) словаре́		
Plural	**Nominativ**	строи́тели	словари́	гра́ждане [2]	цыпля́та [3]
	Genitiv	строи́телей	словаре́й	гра́ждан	цыпля́т
	Dativ	строи́телям	словаря́м	гра́жданам	цыпля́там
	Akkusativ	строи́телей	словари́	гра́ждан	цыпля́т
	Instrumental			гра́жданами	цыпля́тами
	Präpositiv			(о) гра́жданах	(о) цыпля́тах
	Deutsch:	*Bauarbeiter*	*Wörterbuch*	*Bürger*	*Küken*

1. Nach weichen Konsonanten schreibt man in betonter Position **ё**, in unbetonter **e**.
2. Alle Pluralformen ohne das Suffix **-ин-**.
3. Im Plural steht statt **-ёнок- / -онок-** das Suffix **-ят- / -ат-**.
4. ▶ Kap. 4 Maskulina mit flüchtigem **-o- /-e-**

Maskulina auf -й und -ий

		Maskulina auf -й (außer -ий)		Maskulina auf -ий	
		belebt	unbelebt	belebt	unbelebt
Singular	**Nominativ**	муравéй	музéй	пролетáрий	санатóрий
	Genitiv	муравья́ [2]	музéя	пролетáрия	санатóрия
	Dativ	муравью́	музéю	пролетáрию	санатóрию
	Akkusativ	муравья́	музéй	пролетáрия	санатóрий
	Instrumental	муравьём	музéем	пролетáрием	санатóрием
	Präpositiv	(о) муравьé	(о) музéе	(о) пролетáрии [1]	(о) санатóрии [1]
Plural	**Nominativ**	муравьи́	музéи	пролетáрии	санатóрии
	Genitiv	муравьёв	музéев	пролетáриев	санатóриев
	Dativ	муравья́м	музéям	пролетáриям	санатóриям
	Akkusativ	муравьёв	музéи	пролетáриев	санатóрии
	Instrumental		музéями		санатóриями
	Präpositiv		(о) музéях		(о) санатóриях
	Deutsch:	*Ameise*	*Museum*	*Proletarier*	*Sanatorium*

[1] Im Präpositiv Singular bilden die Maskulina auf **-ий** die Endung **-ии**.

[2] Bei endungsbetonten Maskulina auf **-й** (außer **-ий**) wird **-е-** ab Genitiv Singular zu **-ь-**. Hierzu gehören u. a. **соловéй ▶ соловья́** (*Nachtigall*), **воробéй ▶ воробья́** (*Spatz*).

Maskulina mit flüchtigem -o- / -e-

Eine Vielzahl von ein- und mehrsilbigen Maskulina verliert bei der Deklination in allen Kasus im Plural sowie im Singular von Genitiv bis Präpositiv (bei belebten Maskulina) und im Genitiv, Dativ, Instrumental und Präpositiv Singular (bei unbelebten Maskulina) den letzten Vokalstamm **-o- / -e-**.

Leider gibt es kaum Regeln, nach denen sich Maskulina mit flüchtigem **-o- / -e-** bestimmen lassen. Es ist daher ratsam, im Zweifelsfall im Wörterbuch nachzuschlagen.

		Maskulina mit flüchtigem -o-		Maskulina mit flüchtigem -e-	
		belebt	unbelebt	belebt	unbelebt
Singular	**Nominativ**	посо́л	рот	оте́ц	день
	Genitiv	посла́	рта	отца́	дня
	Dativ	послу́	рту	отцу́	дню
	Akkusativ	посла́	рот	отца́	день
	Instrumental	посло́м	ртом	отцо́м	днём
	Präpositiv	(о) после́	(о) рте	(об) отце́	(о) дне
Plural	**Nominativ**	послы́	рты	отцы́	дни
	Genitiv	посло́в	ртов	отцо́в	дней
	Dativ	посла́м	рта́ми	отца́м	дням
	Akkusativ	посло́в	рты	отцо́в	дни
	Instrumental	посла́ми	рта́ми	отца́ми	дня́ми
	Präpositiv	(о) посла́х	(о) ртах	(об)отца́х	(о) днях
	Deutsch:	*Botschafter*	*Mund*	*Vater*	*Tag*

Maskulina mit Präpositiv Singular auf -у́ / -ю́

1. Abweichend von der Regel bildet eine Vielzahl von Maskulina mit meist einsilbigem Stamm nach den Präpositionen **в** und **на** den Präpositiv Singular auf betontes **-у / -ю**, z. B.:

лес	▶	в лесу́	*im Wald*
мост	▶	на мосту́	*auf der Brücke*
рай	▶	в раю́	*im Paradies*
шкаф	▶	в шкафу́, на шкафу́	*im Schrank, auf dem Schrank*

2. Einige Maskulina bilden im Präpositiv Singular nach den Präpositionen **в** und **на** beide Endungen: **-у / -ю** und **-е**, wobei sich in der Regel Stil- bzw. Bedeutungsverschiebungen ergeben, z. B.:

о́тпуск	▶	в о́тпуске / в отпуску́
		im Urlaub (neutral / umg.)
край	▶	на краю́ го́рода / в на́шем кра́е
		am Rande der Stadt / in unserem Kreis (Verwaltungsgebiet)

Maskulina mit Nominativ Plural auf -а́ / -я́

1. Abweichend von der Regel bildet eine Vielzahl von Maskulina den Nominativ Plural auf betontes **-а / -я**, z. B.:

а́дрес	▶	адреса́	*Adressen*
ве́чер	▶	вечера́	*Abende*
глаз	▶	глаза́	*Augen*
дом	▶	дома́	*Häuser*
па́спорт	▶	паспорта́	*Pässe*
по́езд	▶	поезда́	*Züge*
учи́тель	▶	учителя́	*Lehrer*

2. Einige Maskulina bilden im Nominativ Plural zwei verschiedene Formen: eine regelmäßige und eine auf **-а / -я**. Dabei nehmen diese beiden Formen in der Regel unterschiedliche Bedeutungen an, z. B.:

зуб ▶ **зу́бы / зу́бья**   *Zähne (anat.)/Zähne eines Zahnrades*
лист ▶ **листы́ / ли́стья**   *Papierblätter/Blätter eines Baumes*

Deklination von Neutra

Einige Fremdwörter auf Vokal bleiben bei der Deklination unverändert, die wichtigsten sind:

ателье́, бюро́   *Schneider-, Reparatur- bzw. Künstlerwerkstatt, Büro*
кафе́, кино́, интервью́   *Café, Kino, Interview*
купе́, меню́, метро́   *Abteil, Speisekarte, U-Bahn*
пальто́, такси́   *Mantel, Taxi*

Neutra mit hartem Stammauslaut und der Endung -o /
Neutra mit den Zischlauten ж, ч, ш, щ oder ц im Stammauslaut und den Endungen -o / -e

		Neutra mit hartem Stammauslaut und der Endung -o	Neutra mit den Zischlauten ж, ч, ш, щ oder ц im Stammauslaut und den Endungen -o / -e	
Singular	**Nominativ**	одея́ло	лицо́	чудо́вище
	Genitiv	одея́ла	лица́	чудо́вища
	Dativ	одея́лу	лицу́	чудо́вищу
	Akkusativ	одея́ло	лицо́	чудо́вище
	Instrumental	одея́лом	лицо́м [1]	чудо́вищем [1]
	Präpositiv	(об) одея́ле	(о) лице́	(о) чудо́вище
Plural	**Nominativ**	одея́ла	ли́ца	чудо́вища
	Genitiv	одея́л	лиц	чудо́вищ
	Dativ	одея́лам	ли́цам	чудо́вищам
	Akkusativ	одея́ла	ли́ца [2]	чудо́вищ
	Instrumental	одея́лами	ли́цами	чудо́вищами
	Präpositiv	(об) одея́лах	(о) ли́цах	(о) чудо́вищах
	Deutsch:	*(Bett)decke*	*Gesicht, Person*	*Ungeheuer*

[1] Nach den Zischlauten ж, ч, ш, щ und ц schreibt man in betonter Position **o**, in unbetonter **e**.
[2] In der Bedeutung von **лицо** – *Person* heißt der Akkusativ Plural **лиц**.

Neutra mit dem Schaltvokal -o- / -e- im Genitiv Plural

Viele Neutra auf -o und -e mit zwei Konsonanten im Stammauslaut schieben im Genitiv Plural die Schaltvokale -o- oder -e zwischen die beiden letzten Konsonanten ein:

Neutra auf -o mit zwei Konsonanten im Stammauslaut mit dem Schaltvokal -o- / -e- im Genitiv Plural			
	Schaltvokal -o-	Schaltvokal -e-	
	Die beiden letzten Stammkonsonan-ten: г/к und л/м/н/р	Die beiden letzten Stammkonsonan-ten: andere als г/к und л/м/н/р	Der letzte Stammkonso-nant: к oder ц
Nominativ Singular	окно́	число́	полоте́нце
Genitiv Plural	о́кон	чи́сел	полоте́нец
Deutsch:	*Fenster*	*Zahl*	*Handtuch*

Ausnahmen: Besondere Fälle der Pluralbildung

Einige Neutra haben von der Regel teilweise abweichende Pluralformen. Die wichtigsten davon sind in dieser Tabelle zusammengefasst.

		де́рево [1]	я́блоко	плечо́	у́хо	яйцо́
Plural	**Nominativ**	дере́вья	я́блоки	пле́чи	у́ши	я́йца
	Genitiv	дере́вьев	я́блок	плеч	уше́й	яи́ц
	Dativ		я́блокам	плеча́м	уша́м	я́йцам
	Akkusativ		я́блоки	пле́чи	у́ши	я́йца
	Instru-mental					я́йцами
	Präpositiv					(о) я́йцах
	Deutsch:	*Baum*	*Apfel*	*Schulter*	*Ohr*	*Ei*

[1] Nach diesem Muster auch:

Singular		Plural	
звено́	▶	зве́нья, зве́ньев	*Glied* (einer Kette)
крыло́	▶	кры́лья, кры́льев	*Flügel*
перо́	▶	пе́рья, пе́рьев	*Feder*
поле́но	▶	поле́нья, поле́ньев	*Holzscheit*

Neutra mit weichem Stammauslaut und -e, -ье, -ие am Wortende / Neutra auf -мя

		Neutra mit weichem Stammauslaut und -e, -ье, -ие am Wortende			Neutra auf -мя
		-e	-ье	-ие	
Singular	**Nominativ**	мо́ре	воскресе́нье	изда́ние	вре́мя
	Genitiv	мо́ря	воскресе́нья	изда́ния	вре́мени
	Dativ	мо́рю	воскресе́нью	изда́нию	вре́мени
	Akkusativ	мо́ре	воскресе́нье	изда́ние	вре́мя
	Instrumental	мо́рем	воскресе́ньем	изда́нием	вре́менем
	Präpositiv	(о) мо́ре	(о) воскресе́нье	(об) изда́нии	(о) вре́мени
Plural	**Nominativ**	моря́	воскресе́нья	изда́ния	времена́
	Genitiv	море́й	воскресе́ний	изда́ний	времён
	Dativ	моря́м	воскресе́ньям	изда́ниям	времена́м
	Akkusativ	моря́	воскресе́нья	изда́ния	времена́
	Instrumental	моря́ми		изда́ниями	
	Präpositiv	(о) моря́х		(об) изда́ниях	
	Deutsch:	*Meer*	*Sonntag*	*Ausgabe (z. B. eines Buches)*	*Zeit*

Der partitive Genitiv

Nach den Akkusativ regierenden Verben können ess- und trinkbare Objekte auch im Genitiv stehen, wenn sich diese Objekte nur auf einen (kleineren) Teil der vorhandenen Menge an Lebensmitteln beziehen. Der partitive Genitiv wird nur in Verbindung mit perfektiven Verben verwendet:

Кот пое́л *pf* **ры́бы** *gen* **и попи́л** *pf* **молока́** *gen*.

Der Kater hat (ein bisschen) Fisch gefressen und (ein bisschen) von der Milch getrunken.

Maskulina bilden neben regelmäßigen auch umgangsprachliche Formen des partitiven Genitivs auf **-у / -ю**:

Ма́ша вы́пила со́ка / со́ку и ча́я / ча́ю.

Mascha hat (ein bisschen) vom Saft und vom Tee getrunken.

Der Akkusativ der oben genannten Objekte wird sowohl mit perfektiven als auch mit imperfektiven Verben verwendet. Dabei weisen die imperfektiven Formen auf eine unbestimmte Menge und die perfektiven auf die Ganzheit einer Menge hin:

Кот ел *impf* **рыбу** *akk* **и пил молоко́** *akk*.

Der Kater hat Fisch gefressen und Milch getrunken (jeweils eine unbestimmte Menge).

Кот съе́л *impf* **рыбу** *akk* **и вы́пил молоко́** *akk*.

Der Kater hat den ganzen Fisch aufgefressen und die Milch ausgetrunken.

Deklination von Familiennamen und geographischen Namen

1. Im Russischen bilden die meisten Familiennamen entsprechend dem Geschlecht des Trägers weibliche und männliche Formen.
Im Singular werden die männlichen Familiennamen auf **-ов, -ев, -ёв, -ин, -ын** vorwiegend wie maskuline Substantive dekliniert.
Die weiblichen Familiennamen auf **-ова, -ева, -ёва, -ина, -ына** werden im Singular vorwiegend wie Adjektive dekliniert.
Im Plural werden die Familiennamen auf **-овы, -евы, -ёвы, -ины, -ыны** wie Adjektive dekliniert.

		Männliche Familiennamen (vorwiegend wie Substantive)	Weibliche Familiennamen (vorwiegend wie Adjektive)
Singular	**Nominativ**	Ивано́в	Ивано́ва
	Genitiv	Ивано́ва	Ивано́вой
	Dativ	Ивано́ву	Ивано́вой
	Akkusativ	Ивано́ва	Ивано́ву [2]
	Instrumental	Ивано́вым [1]	Ивано́вой
	Präpositiv	(об) Ивано́ве	(об) Ивано́вой
Plural (wie Adjektive)	**Nominativ**	Ивано́вы	
	Genitiv	Ивано́вых	
	Dativ	Ивано́вым	
	Akkusativ	Ивано́вых	
	Instrumental	Ивано́выми	
	Präpositiv	(об) Ивано́вых	

[1] Im Instrumental Singular haben die oben genannten männlichen Familiennamen die adjektivische Endung **-ым**.
[2] Im Akkusativ Singular haben die oben genannten weiblichen Familiennamen die substantivische Endung **-у**.

2. Vor- und Vatersnamen werden im Unterschied zu den Familiennamen wie normale Substantive dekliniert:

Догово́р был подпи́сан Михаи́лом Серге́евичем Горбачёвым *inst*.

Der Vertrag wurde von Michail Sergejewitsch Gorbatschow unterzeichnet.

Это дочь Ли́дии Степа́новны Чуба́новой *gen*.

Das ist die Tochter von Lidia Stepanowna Tschubanowa.

3. Ortsnamen werden wie Substantive dekliniert:
   Рая живёт в Мю́нхене. *Raja wohnt in München.*
   Ро́дом она́ из Арха́нгельска. *Sie ist in Archangelsk geboren.*

 Nicht dekliniert werden:

1. Ukrainische Familiennamen auf **-ко**:	**Петре́нко, Ивано́нко**
2. Russische Familiennamen auf **-их/-ых**:	**Долги́х, Бескро́вных**
3. Russische Familiennamen auf **-ич** und nichtrussische Familiennamen auf Konsonanten, wenn sie auf Frauen bezogen sind:	**Наде́жда Бейнаро́вич, Утэ Но́йманн**
4. Nichtrussische Familiennamen auf Vokal:	**Пика́ссо, Оливе́тти**
5. Nichtrussische geographische Namen auf **-е, -и, -о, -у**:	**Баку́, Мона́ко, Со́чи**

5 Имена прилагательные – Adjektive

Adjektive passen sich in Numerus, Genus und Kasus an ihr Bezugswort an:

У Ма́ши се́рая ко́шка и *Mascha hat eine graue Katze und*
зелёный попуга́й. *einen grünen Papagei.*

Unterscheidet sich jedoch das natürliche Geschlecht des Bezugsworts vom grammatischen, so folgt das Adjektiv dem natürlichen Geschlecht (▶ Kap. 4).

Adjektivdeklination

Die Endungen sind je nach hartem oder weichem Adjektivstamm unterschiedlich. Auch die Konsonanten **г, к, х** und die Zischlaute **ж, ч, ш, щ** sowie der Buchstabe **ц** im Stammauslaut wirken sich auf die Endungen aus.

Adjektive mit hartem Stammauslaut (außer г, к, х und ж, ш)

	m	f	nt	Plural
Nominativ	бе́лый	бе́лая	бе́лое	бе́лые
Genitiv	бе́лого	бе́лой	бе́лого	бе́лых
Dativ	бе́лому	бе́лой	бе́лому	бе́лым
Akkusativ	бе́лый / бе́лого[1]	бе́лую	бе́лое	бе́лые/бе́лых[1]
Instrumental	бе́лым	бе́лой	бе́лым	бе́лыми
Präpositiv	(о) бе́лом	(о) бе́лой	(о) бе́лом	(о) бе́лых
Deutsch:	*weiß*			

Adjektive mit weichem Stammauslaut (außer г, к, x und ч, щ)

	m	f	nt	Plural
Nominativ	си́ний	си́няя	си́нее	си́ние
Genitiv	си́него	си́ней	си́него	си́них
Dativ	си́нему	си́ней	си́нему	си́ним
Akkusativ	си́ний / си́него[1]	си́нюю	си́нее	си́ние / си́них[1]
Instrumental	си́ним	си́ней	си́ним	си́ними
Präpositiv	(о) си́нем	(о) си́ней	(о) си́нем	(о) си́них
Deutsch:	*dunkelblau*			

Adjektive mit г, к, x im Stammauslaut

	m	f	nt	Plural
Nominativ	мя́гкий	мя́гкая	мя́гкое	мя́гкие
Genitiv	мя́гкого	мя́гкой	мя́гкого	мя́гких
Dativ	мя́гкому	мя́гкой	мя́гкому	мя́гким
Akkusativ	мя́гкий / мя́гкого[1]	мя́гкую	мя́гкое	мя́гкие / мя́гких[1]
Instrumental	мя́гким	мя́гкой	мя́гким	мя́гкими
Präpositiv	(о) мя́гком	(о) мя́гкой	(о) мя́гком	(о) мя́гких
Deutsch:	*weich*			

Adjektive mit den Zischlauten ж, ч, ш, щ im Stammauslaut

	m	f	nt	Plural
Nominativ	то́щий	то́щая	то́щее	то́щие
Genitiv	то́щего	то́щей	то́щего	то́щих
Dativ	то́щему	то́щей	то́щему	то́щим
Akkusativ	то́щий / то́щего[1]	то́щую	то́щее	то́щие / то́щих[1]
Instrumental	то́щим	то́щей	то́щим	то́щими
Präpositiv	(о) то́щем	(о) то́щей	(о) то́щем	(о) то́щих
Deutsch:	*dürr*			

Endungsbetonte Adjektive auf -о́й

Adjektive auf **-ой** im Nominativ Singular der männlichen Form (z. B. **молодо́й**, **дорого́й** – *jung, lieb*) haben in allen übrigen Formen die gleichen Endungen wie Adjektive auf **-ый / -ий**.
Lediglich nach den Zischlauten **ж, ч, ш, щ** im Stammauslaut ergeben sich nach den Rechtschreibregeln in betonten Endungen andere Vokalbuchstaben: **о** statt **е**.

	m	f	nt	Plural
Nominativ	большо́й	больша́я	большо́е	больши́е
Genitiv	большо́го	большо́й	большо́го	больши́х
Dativ	большо́му	большо́й	большо́му	больши́м
Akkusativ	большо́й / -о́го[1]	большу́ю	большо́е	больши́е/ -и́х[1]
Instrumental	больши́м	большо́й	больши́м	больши́ми
Präpositiv	(о) большо́м	(о) большо́й	(о) большо́м	(о) больши́х
Deutsch:	*groß*			

[1] Analog zur Substantivdeklination sind der maskuline Akkusativ Singular sowie der Akkusativ Plural aller drei Geschlechter dem Genitiv gleich, wenn sich das Adjektiv auf ein Substantiv bezieht, das ein Lebewesen bezeichnet:

Cа́ша подари́л ей зелёного попуга́я три го́да наза́д. *Sascha hat ihr den grünen Papagei vor drei Jahren geschenkt.*

Dagegen stimmen sie mit dem Nominativ überein, wenn es sich bei dem Bezugswort um kein Lebewesen handelt:

Два го́да наза́д он подари́л ей зелёный плащ. *Vor zwei Jahren hat er ihr einen grünen Regenmantel geschenkt.*

Qualitäts- und Beziehungsadjektive

Im Russischen unterscheidet man zwischen Qualitäts- und Beziehungsadjektiven.
Qualitätsadjektive bezeichnen Merkmale, die bei einem Gegenstand in mehr oder minder starkem Maße auftreten können:

У Ма́ши све́тлые глаза́, а у Са́ши ещё светле́е. *Maschas Augen sind hell, Saschas Augen sind jedoch noch heller.*
Уже́ сейча́с ве́тер холо́дный, а ве́чером он бу́дет ещё холодне́е. *Jetzt ist der Wind schon kalt, aber am Abend wird er noch kälter werden.*

Beziehungsadjektive lassen dagegen keinen Vergleich zu:

деревя́нный стол *ein Holztisch*
кни́жный магази́н *ein Buchgeschäft*
золото́е кольцо́ *ein goldener Ring*

Kurz- und Langformen der Adjektive

Bildung von Kurz- und Langformen der Adjektive

Im Russischen unterscheidet man Lang- und Kurzformen der Adjektive.
Qualitätsadjektive können neben den Langformen

загáдочный расскáз	*eine rätselhafte Erzählung*
загáдочная жéнщина	*eine rätselhafte Frau*
загáдочное выскáзывание	*eine rätselhafte Aussage*
загáдочные рисýнки	*rätselhafte Zeichnungen*

Kurzformen haben:

Расскáз загáдочен.	*Die Erzählung ist rätselhaft.*
Жéнщина загáдочна.	*Die Frau ist rätselhaft.*
Выскáзывание загáдочно.	*Die Aussage ist rätselhaft.*
Рисýнки загáдочны.	*Die Zeichnungen sind rätselhaft.*

Beziehungsadjektive können dagegen ausschließlich Langformen bilden:

звёздный час	*die Sternstunde*
звёздная ночь	*eine klare Sternennacht*
звёздное нéбо	*der Sternenhimmel*
звёздные мириáды	*Myriaden von Sternen*

Die Kurzformen werden vom Stamm des Adjektivs abgeleitet. Hier finden Sie
eine Übersicht über die gebräuchlichsten Adjektive und ihre Kurzformen:

Langform	Deutsch	Kurzformen			
m		m	f	nt	Plural
нóвый	*neu*	нов	новá	нóво	нóвы
высóкий	*hoch*	высóк	высокá	высокó	высоки́
молодóй	*jung*	мóлод	молодá	мóлодо	мóлоды
хорóший	*gut*	хорóш	хорошá	хорошó	хороши́
бли́зкий	*nah*	бли́зок	близкá	бли́зко	близки́
корóткий	*kurz*	кóроток	короткá	кóротко	коротки́
крáткий	*kurz*	крáток	краткá	крáтко	кратки́
крéпкий	*stark*	крéпок	крепкá	крéпко	крепки́
краси́вый	*schön*	краси́в	краси́ва	краси́во	краси́вы
трýдный	*schwer*	трýден	труднá	трýдно	трýдны
свобóдный	*frei*	свобóден	свобóдна	свобóдно	свобóдны
прáвильный	*richtig*	прáвилен	прáвильна	прáвильно	прáвильны
широ́кий	*breit*	широ́к	широкá	широкó	широки́
ни́зкий	*niedrig*	ни́зок	низкá	ни́зко	низки́
лёгкий	*leicht*	лёгок	легкá	легкó	легки́
тóнкий	*dünn*	тóнок	тонкá	тóнко	тонки́
ýзкий	*schmal*	ýзок	узкá	ýзко	узки́
полéзный	*nützlich*	полéзен	полéзна	полéзно	полéзны
нýжный	*nötig*	нýжен	нужнá	нýжно	нужны́
больнóй	*krank*	бóлен	больнá	бóльно	больны́
нéжный	*zart*	нéжен	нежнá	нéжно	нежны́
вéрный	*richtig*	вéрен	вернá	вéрно	верны́

Verwendung von Kurz- und Langformen der Adjektive

Die Kurzformen der Adjektive werden im Satz ausschließlich prädikativ gebraucht und existieren daher nur im Nominativ. Sie passen sich lediglich in Geschlecht und Zahl an das Satzsubjekt an:

Ты ещё молода!	*Du bist noch jung!*
Тепе́рь я свобо́ден!	*Jetzt bin ich frei!*
Все го́сти дово́льны.	*Alle Gäste sind zufrieden.*

Oft können auch Langformen von Adjektiven prädikativ verwendet werden. Es lassen sich allerdings nur bedingt Regeln aufstellen, mit denen die Verwendung von Kurz- und Langformen nachvollzogen werden kann. Es empfiehlt sich im Zweifelsfall, Muttersprachler zu Rate zu ziehen.

In drei Fällen ist die Verwendung der Kurzform jedoch obligatorisch:

1. Beim Pronomen **э́то** als Subjekt:

Э́то здо́рово.	*Das ist toll.*
Э́то разу́мно.	*Das ist vernünftig.*

2. Beim Pronomen **вы** als Subjekt:

Вы больны́.	*Sie sind krank. / Ihr seid krank.*
Вы нужны́.	*Sie werden gebraucht. / Ihr werdet gebraucht.*

3. Bei Abhängigkeit eines Objektes vom Prädikatsnomen:

Са́ша ре́дко согла́сен с Ма́шей.	*Sascha ist selten mit Mascha einverstanden.*
Но он не зол на неё.	*Er ist ihr jedoch nicht böse.*
Она́ нужна́ ему́.	*Er braucht sie.*

Die Kurzform kann eine Eigenschaft in Bezug auf bestimmte Verhältnisse wiedergeben, drückt also Verhältnismäßigkeit aus und kann das Übermaß einer Eigenschaft anzeigen:

Зелёный плащ ей вели́к, а боти́нки малы́.	*Der grüne Regenmantel ist ihr zu groß und die Schuhe sind ihr zu klein.*
Большо́й я́щик тяжёл для меня́.	*Die große Kiste ist zu schwer für mich.*
Кле́тка узка́ для попуга́я.	*Der Käfig ist zu eng für den Papagei.*

Die Kurzform kann auch eine zeitlich begrenzte Eigenschaft wiedergeben:

Смирно́в бо́лен.	*Herr Smirnow ist (heute) krank.*
Смирно́в больно́й.	*Herr Smirnow ist ein kranker Mensch.*

Im Präteritum und Futur können die Langformen eines Adjektivs als Prädikatsnomen sowohl im Nominativ als auch im Instrumental stehen:

Ле́то бы́ло дождли́вое.	*Der Sommer war verregnet.*
Ле́то бы́ло дождли́вым.	

Ночь бу́дет звёздная.	*Die Nacht wird sternenklar werden.*
Ночь бу́дет звёздной.	

In der gesprochenen Sprache wird häufiger der Nominativ, in der Schriftsprache gewöhnlich der Instrumental gebraucht.

Steht das Adjektiv in der Langform vor dem Subjekt, so ist es Attribut:

Бы́ло дождли́вое ле́то.	*Es war ein verregneter Sommer.*

Steht das Adjektiv in der Langform nach dem Subjekt, so ist es Prädikatsnomen:

Ле́то бы́ло дождли́вое.	*Der Sommer war verregnet.*

Steigerung der Adjektive

Steigerungsformen lassen sich nur von Qualitätsadjektiven bilden. Von den Beziehungsadjektiven können keine Steigerungsformen gebildet werden. Qualitätsadjektive bilden zwei Steigerungsformen: den Komparativ und den Superlativ. Im einfachen Komparativ bilden Adjektive in der Regel keine Geschlechtsendung und können nicht dekliniert werden.

Bildung des Komparativs

Man unterscheidet einfache Formen (**краси́вее** – *schöner*) und zusammengesetzte Formen (**бо́лее краси́вый** – *schöner*) des Komparativs.

Der einfache Komparativ

Der einfache Komparativ wird durch Anfügen der Suffixe **-ee** oder **-e** an den Adjektivstamm gebildet.

Von den meisten Adjektiven wird der Komparativ mit Hilfe des Suffixes **-ee** gebildet:

си́льный	*stark*	сильне́е	*stärker*
сла́бый	*schwach*	слабе́е	*schwächer*
све́тлый	*hell*	светле́е	*heller*

In der Komparativform wird in der Regel das erste **-e** des Suffixes **-ee** betont.

Mehrsilbige Adjektive sind in der Komparativform stammbetont:

внима́тельный	*aufmerksam*	внима́тельнее	*aufmerksamer*
замеча́тельный	*bemerkenswert*	замеча́тельнее	*bemerkenswerter*
счастли́вый	*glücklich*	счастли́вее	*glücklicher*

Von Adjektiven mit Stammauslaut auf **г, к, х** oder **д, т, ск, ст** sowie von einigen anderen Adjektiven wird der Komparativ mit Hilfe des Suffixes **-e** gebildet; dabei tritt ein Konsonantenwechsel ein (**г, д ▶ ж; к, т ▶ ч; х ▶ ш; ск, ст ▶ щ**). Diese Formen sind stets stammbetont:

дорого́й	teuer	доро́же	teurer
молодо́й	jung	моло́же	jünger
гро́мкий	laut	гро́мче	lauter
бога́тый	reich	бога́че	reicher
ти́хий	leise	ти́ше	leiser
то́лстый	dick	то́лще	dicker

Folgende Formen weisen eine besondere Bildung auf:

большо́й	groß	бо́льше	größer
бли́зкий	nah	бли́же	näher
высо́кий	hoch	вы́ше	höher
глубо́кий	tief	глу́бже	tiefer
далёкий	entfernt	да́льше	entfernter
до́лгий	lang	до́льше	länger
коро́ткий	kurz	коро́че	kürzer
ма́ленький	klein	ме́ньше	kleiner
ни́зкий	niedrig	ни́же	niedriger
плохо́й	schlecht	ху́же	schlechter
по́здний	spät	по́зже/поздне́е	später
ре́дкий	selten	ре́же	seltener
сла́дкий	süß	сла́ще	süßer
то́нкий	dünn	то́ньше	dünner
у́зкий	eng	у́же	enger
хоро́ший	gut	лу́чше	besser

Von vielen Adjektiven kann kein einfacher Komparativ gebildet werden (z. B. ра́нний – *früh*, пло́ский – *flach*, го́рький – *bitter*). Hier ist lediglich die Bildung des zusammengesetzten Komparativs möglich.

Der zusammengesetzte Komparativ

Der zusammengesetzte Komparativ kann von allen Qualitätsadjektiven gebildet werden.
Der zusammengesetzte Komparativ wird durch Voranstellung von **бо́лее** gebildet:

бо́лее ра́нний	*früher*
бо́лее пло́ский	*flacher*

Gebrauch des Komparativs

Der Vergleich kann im Russischen auf zwei verschiedene Weisen erfolgen:

1. Das Vergleichswort steht im Genitiv:

Во́дка кре́пче вина́ *gen.*	*Wodka ist stärker als Wein.*
Она́ моло́же меня́ *gen.*	*Sie ist jünger als ich.*

2. Die Konjunktion *als* nach dem Komparativ wird durch die russische Konjunktion **чем** wiedergegeben. Das Vergleichswort steht in diesem Fall im Nominativ. Vor **чем** steht ein Komma:

Во́дка кре́пче, чем вино́.	*Wodka ist stärker als Wein.*
Она́ моло́же, чем я.	*Sie ist jünger als ich.*

Nach dem zusammengesetzten Komparativ ist nur ein Vergleich durch **чем** + Nominativ möglich:

Морска́я вода́ бо́лее солёная, чем питьева́я вода́.	*Meerwasser ist salziger als Trink- wasser.*
Кит бо́лее си́льный, чем морж.	*Ein Wal ist stärker als ein Walross.*

Bildung des Superlativs

Im Russischen unterscheidet man den einfachen (**краси́вейший** – *der schönste*) und den zusammengesetzten Superlativ (**са́мый краси́вый**).

Der einfache Superlativ

Der einfache Superlativ wird durch Einfügen des Suffixes **-ейш-** gebildet:

си́льный	▶ **сильне́йший**	*der stärkste*
но́вый	▶ **нове́йший**	*der neuste*
просто́й	▶ **просте́йший**	*der einfachste*

Das Suffix **-айш-** wird eingefügt, wenn der Adjektivstamm auf **г**, **к** und **х** aus-lautet; dabei tritt ein Konsonantenwechsel ein (**г ▶ ж, к ▶ ч, х ▶ ш**):

стро́гий	▶ **строжа́йший**	*der strengste*
жесто́кий	▶ **жесточа́йший**	*der höchste*
ти́хий	▶ **тиша́йший**	*der leiseste*

Folgende Superlative werden von der Regel abweichend gebildet:

хоро́ший	▶ **лу́чший**	*der beste*
плохо́й	▶ **ху́дший**	*der schlechteste*
ма́ленький	▶ **ме́ньший**	*der kleinste*

Die einfachen Superlativformen einiger Adjektive können zum Ausdruck der Verstärkung mit **наи-** präfigiert werden, so z. B.:

наилу́чший	*der allerbeste*
наиме́ньший	*der allerkleinste*
наисильне́йший	*der allerstärkste*

Von vielen Adjektiven kann kein einfacher Superlativ gebildet werden (z. B. **ра́нний** – *früh*, **молодо́й** – *jung*, **больно́й** – *krank*). Hier ist lediglich die Bildung des zusammengesetzten Superlativs möglich.

Der zusammengesetzte Superlativ

Der zusammengesetzte Superlativ kann von allen Qualitätsadjektiven gebildet werden, und zwar durch Voranstellung von **са́мый** vor das Adjektiv:

сáмый сúльный	der stärkste
сáмый нóвый	der neueste
сáмый простóй	der einfachste

Ein zusammengesetzter Superlativ kann auch durch Verbindung des einfachen Komparativs mit dem Genitiv des Pronomens **все** gebildet werden:

Онá стáрше всех.	Sie ist die Älteste.
Он умнéе всех.	Er ist der Klügste.

Gebrauch des Superlativs

Der einfache Superlativ ist für die Schriftsprache typisch und wird seltener verwendet als der zusammengesetzte. Die zusammengesetzte Form mit **сáмый** wird sowohl in der Schriftsprache als auch in der Umgangssprache gebraucht.

6 Местоимения – Pronomen

Personalpronomen

Singular		Plural	
я	ich	**мы**	wir
ты	du	**вы, Вы**	ihr, Sie
он, онá, онó	er, sie, es	**они́**	sie

		Die Deklination der Personalpronomen			
Singular	**Nominativ**	я	ты	он, онó	онá
	Genitiv	меня́	тебя́	(н)его́ [1]	(н)её
	Dativ	мне	тебé	(н)ему́	(н)ей
	Akkusativ	меня́	тебя́	(н)его́	(н)её
	Instrumental	мной	тобóй	(н)им	(н)ей
	Präpositiv	(обо) мне [2]	(о) тебé	(о) нём	(о) ней
Plural	**Nominativ**	мы	вы / Вы	они́	
	Genitiv	нас	вас / Вас	(н)их	
	Dativ	нам	вам / Вам	(н)им	
	Akkusativ	нас	вас / Вас	(н)их	
	Instrumental	нáми	вáми / Вáми	(н)и́ми	
	Präpositiv	(о) нас	(о) вас / Вас	(о) них	

[1] Die Personalpronomen **он, онó, онá, они́** treten in der Form mit vorangestelltem **н-** nach Präpositionen auf, die nicht von anderen Wortarten abgeleitet wurden, z. B.: **без, для, ми́мо, на, над, напро́тив, к, о, пе́ред, под, с, у: без него́** – *ohne ihn.*

Nach Präpositionen, die von anderen Wortarten stammen, werden die Personalpronomen **он, оно́, она́, они́** in der Form ohne vorangestelltes **н**-verwendet, z. B.: **благодаря́, вне, вопреки́, навстре́чу: навстре́чу ей** – *ihr entgegen*.

² ▶ Kap. 10 Die Präpositionen **о / об / обо**

Das Reflexivpronomen

Im Russischen gibt es nur ein Reflexivpronomen – **себя́**, das mit allen Personen im Singular und Plural verwendet werden kann und sich immer auf das Satzsubjekt bezieht:

Я приготáвливаю себé суп. *Ich koche mir gerade eine Suppe.*
Ты готóвишь себé суп? *Kochst du dir gerade eine Suppe?*

Die Deklination des Reflexivpronomens себя́		
	Singular und Plural	**Deutsch**
Nominativ	–	
Genitiv	себя́	*mich, dich, sich, uns, euch*
Dativ	себé	*mir, dir, sich, uns, euch*
Akkusativ	себя́	*mich, dich, sich, uns, euch*
Instrumental	собóй	–
Präpositiv	(о) себé	–

Possessivpronomen

мой / свой ¹	*mein*	**наш / свой**	*unser*
твой / свой	*dein*	**ваш, Ваш / свой**	*euer, Ihr*
его́ / свой	*sein*	**их** ² **/ свой**	*ihr* 3. pers pl
её / свой	*ihr* f sg		

¹ Das Possessivpronomen **свой** bezieht sich immer auf das Satzsubjekt:

Я дал емý свой телефóн. ³   *Ich habe ihm meine Telefonnum-*
mer gegeben.

Дáйте мне, пожáлуйста, свой телефóн.   *Geben Sie mir bitte Ihre Telefon-*
nummer.

Aber: **Я дал емý твой телефóн.**   *Ich habe ihm deine Telefonnum-*
mer gegeben.

² **Их** bleibt bei der Deklination unverändert.
³ Unüblich: **Я дал емý мой телефóн.**

Die Deklination von мой (genauso: твой, свой)				
	m	**f**	**nt**	**Plural**
Nominativ	мой	моя́	моё	мои́
Genitiv	моего́	мое́й	моего́	мои́х
Dativ	моему́	мое́й	моему́	мои́м
Akkusativ	мой/моего́ [2]	мою́	моё	мои́/мои́х [2]
Instrumental	мои́м	мое́й	мои́м	мои́ми
Präpositiv	(о) моём	(о) мое́й	(о) моём	(о) мои́х

Die Deklination von наш (genauso: ваш/Ваш)				
	m	**f**	**nt**	**Plural**
Nominativ	наш	на́ша	на́ше	на́ши
Genitiv	на́шего	на́шей	на́шего	на́ших
Dativ	на́шему	на́шей	на́шему	на́шим
Akkusativ	наш/на́шего [1]	на́шу	на́ше	на́ши/на́ших [1]
Instrumental	на́шим	на́шей	на́шим	на́шими
Präpositiv	(о) на́шем	(о) на́шей	(о) на́шем	(о) на́ших

[1] Analog zur Substantivdeklination sind der maskuline Akkusativ Singular sowie der Akkusativ Plural aller drei Geschlechter dem Genitiv gleich, wenn sich das Possessivpronomen auf ein Substantiv bezieht, das ein Lebewesen bezeichnet.

Demonstrativpronomen

э́тот   *dieser*
тот   *jener*
тако́й   *ein solcher*

Тако́й wird wie ein Adjektiv dekliniert.

Die Deklination von э́тот				
	m	**f**	**nt**	**Plural**
Nominativ	э́тот	э́та	э́то	э́ти
Genitiv	э́того	э́той	э́того	э́тих
Dativ	э́тому	э́той	э́тому	э́тим
Akkusativ	э́тот / э́того [1]	э́ту	э́то	э́ти / э́тих [1]
Instrumental	э́тим	э́той	э́тим	э́тими
Präpositiv	(об) э́том	(об) э́той	(об) э́том	(об) э́тих

Die Deklination von тот				
	m	**f**	**nt**	**Plural**
Nominativ	тот	та	то	те
Genitiv	того́	той	того́	тех
Dativ	тому́	той	тому́	тем
Akkusativ	тот / того́ [1]	ту	то	те / тех [1]
Instrumental	тем	той	тем	те́ми
Präpositiv	(о) том	(о) той	(о) том	(о) тех

[1] Analog zur Substantivdeklination sind der maskuline Akkusativ Singular sowie der Akkusativ Plural aller drei Geschlechter dem Genitiv gleich, wenn sich das Demonstrativpronomen auf ein Substantiv bezieht, das ein Lebewesen bezeichnet.

Interrogativpronomen

Кто?	*Wer?*
Како́й, кака́я, како́е, каки́е?	*Was für ein ..?*
Что?	*Was?*
Кото́рый, кото́рая, кото́рое, кото́рые?	*Welch ..?*
Ско́лько?	*Wie viel?*
Чей, чья, чьё, чьи?	*Wessen?*

Кто und что

Verben, die sich auf das Interrogativpronomen **кто** beziehen, stehen in der maskulinen Form, Verben, die sich auf **что** als Subjekt beziehen, in der neutralen Form:

Кто позвони́л m**?**	*Wer hat angerufen?*
Что случи́лось nt**?**	*Was ist passiert?*

Die Deklination von кто und что		
	Singular	
Nominativ	кто	что
Genitiv	кого́	чего́
Dativ	кому́	чему́
Akkusativ	кого́	что
Instrumental	кем	чем
Präpositiv	(о) ком	(о) чём

Ско́лько

Wenn das Pronomen **ско́лько** im Nominativ oder Akkusativ steht, dann steht das abhängige Substantiv im Genitiv Plural (nicht zählbare Substantive wie **вре́мя, вода́** usw. stehen im Genitiv Singular):

Ско́лько рыб gen pl **в аква́риуме?**   *Wie viel Fische sind im Aquarium?*

Ско́лько воды́ gen sg **они́ потребля́ют?**   *Wie viel Wasser verbrauchen sie?*

In allen übrigen Fällen wird **ско́лько** + Substantiv wie ein Adjektiv + Substantiv dekliniert.

Како́й und кото́рый

Die Pronomen **како́й, кака́я, како́е, каки́е** und **кото́рый, кото́рая, кото́рое, кото́рые** werden wie Adjektive dekliniert.

Чей

Die russischen Zugehörigkeitspronomen **чей, чья, чьё** und **чьи** entsprechen dem deutschen Pronomen *wessen*.

Die Deklination von чей, чья, чьё, чьи			
m	**f**	**nt**	**Plural**
Nominativ чей	чья	чьё	чьи
Genitiv чьего́	чьей	чьего́	чьих
Dativ чьему́	чьей	чьему́	чьим
Akkusativ чей/чьего́ [1]	чью	чьё	чьи / чьих [1]
Instrumental чьим	чьей	чьим	чьи́ми
Präpositiv (о) чьём	(о) чьей	(о) чьём	(о) чьих

[1] Analog zur Substantivdeklination sind der maskuline Akkusativ Singular sowie der Akkusativ Plural aller drei Geschlechter dem Genitiv gleich, wenn sich das Zugehörigkeitspronomen auf ein Substantiv bezieht, das ein Lebewesen bezeichnet.

Negationspronomen

Negationspronomen mit ни-

никто́ *niemand*   **никако́й** *keiner*
ничто́ *nichts*   **ниче́й** *niemandem gehörig*

Diese verneinenden Pronomen werden von den Fragepronomen **кто, что, како́й, чей** mit Hilfe der vorangestellten Negationspartikel **ни-** gebildet und wie Fragepronomen dekliniert:

Я свой а́дрес никому́ не[1]
дава́ла.
В э́том ведь не[1] **было**
никако́й необходи́мости.

Ich habe meine Adresse niemandem gegeben.
Dazu bestand auch kein Anlass.

[1] Im Russischen muss doppelt verneint werden, d.h. ein verneinendes Pronomen mit **ни**- verlangt auch die Verneinung des Prädikats durch die Partikel **не**.

Negationspronomen mit не́-

не́кого   *niemanden, keinen*
не́чего   *nichts*

Diese verneinenden Pronomen werden nur in unpersönlichen Sätzen verwendet und haben deshalb keine Nominativform. Sie werden wie **кто, что** dekliniert und sind stets auf **не́**- betont:

Мне не́кого gen **спроси́ть**[1].

Ich habe niemanden, den ich fragen könnte.

Нам не́чего gen **тебе́ сказа́ть**[1].

Wir haben dir nichts zu sagen.

[1] Die Verben stehen in solchen unpersönlichen Sätzen immer in der Infinitivform.

Präpositionen stehen immer zwischen den Negationspartikeln **не** oder **ни** und dem Pronomen, z. B.:

Он ни с кем inst **не**
встреча́ется.

Er trifft sich mit niemandem.

Нам не́ о чём präp
разгова́ривать.

Wir haben nichts, worüber wir uns unterhalten könnten.

Relativpronomen

Die Fragepronomen **кото́рый, кто, что, како́й, како́в, чей, ско́лько** können, ähnlich wie im Deutschen, als Relativpronomen auftreten, wenn sie einen Relativsatz einführen:

Он принёс мне лека́рственную
траву́, кото́рой ле́чат просту́ду.

Er brachte mir ein Heilkraut, mit dem man Erkältungen behandelt.

Я и ра́ньше лечи́лась э́той
траво́й, поле́зное де́йствие
кото́рой[1] **общеизве́стно.**

Ich wurde bereits früher mit diesem Heilkraut behandelt, dessen positive Wirkung allgemein bekannt ist.

Это лека́рство для тех, кто
лю́бит пить чай.

Das ist das richtige Medikament für diejenigen, die gerne Tee trinken.

[1] Die Relativpronomen **кото́рого, кото́рой, кото́рых** stehen immer nach dem zu bestimmenden Substantiv im Nebensatz, wenn sie die Bedeutung von *dessen, deren* haben.

Indefinitpronomen

Indefinitpronomen mit -то, -либо, -нибудь, кое-

Eine Reihe unbestimmter Pronomen werden von Fragepronomen mit Hilfe folgender unbestimmter Partikeln gebildet:

-то	кто́-то	jemand	како́й-то	irgendein
	что́-то	etwas	че́й-то	jemandes
-либо	кто́-либо	irgend jemand	како́й-либо	irgendein (beliebiger)
	что́-либо	irgend etwas	че́й-либо	irgend jemandem gehörend
-нибудь	кто́-нибудь	irgend jemand	како́й-нибудь	irgendein (beliebiger)
	что́-нибудь	irgend etwas	че́й-нибудь	irgend jemandem gehörend
кое-	кое-кто́ [1]	mancher	кое-како́й	ein gewisser
	кое-что́ [1]	einiges	кое-че́й	jemandem gewissen gehörend

[1] Präpositionen trennen die Pronomen **кое-кто́** und **кое-что́** in zwei Wörter und stehen dazwischen: **кое у кого́, кое о чём**.
Die unbestimmten Pronomen mit Partikel werden wie die entsprechenden Pronomen ohne Partikel dekliniert: **кому́-то, с чём-либо** etc.

Indefinitpronomen не́кто, не́что, не́сколько, не́который

не́кто
Das Pronomen **не́кто** wird nur vor Personennamen verwendet und steht immer im Nominativ Singular:

не́кто Владисла́в Силако́в   *ein gewisser Wladislaw Silakow*

не́что
Das Pronomen **не́что** wird nur vor Attributen verwendet und steht immer im Nominativ oder Akkusativ Singular:

не́что вку́сное   *etwas Leckeres*

не́сколько
Das Pronomen **не́сколько** steht an Stelle einer nicht näher definierten Anzahl von Personen oder Gegenständen. Es wird wie das Fragepronomen **ско́лько** dekliniert (▶ Kap. 6):

Мне ещё ну́жно не́сколько   *Ich brauche noch einige Tage.*
дней gen pl.

не́который
Das Pronomen **не́который** wird wie ein Adjektiv dekliniert:

не́которые лю́ди   *einige (manche) Leute*

Definitpronomen

Весь

Das Definitpronomen **весь** hat die Bedeutung *ganz, alle*.

Die Deklination von весь			
	m	**f**	**nt**	**Plural**
Nominativ	весь	вся	всё	все
Genitiv	всего́	всей	всего́	всех
Dativ	всему́	всей	всему́	всем
Akkusativ	весь / всего́ [1]	всю	всё	все / всех [1]
Instrumental	всем	всей	всем	все́ми
Präpositiv	(обо) всём	(обо) всей	(обо) всём	(обо) всех

[1] Analog zur Substantivdeklination sind der maskuline Akkusativ Singular sowie der Akkusativ Plural aller drei Geschlechter dem Genitiv gleich, wenn sich das Definitpronomen auf ein Substantiv bezieht, das ein Lebewesen bezeichnet.

Сам, само́, сама́, са́ми

Die Definitpronomen **сам, само́, сама́, са́ми** haben die Bedeutung von *selbst, selber*:

Мы са́ми почини́ли телеви́зор.

Wir haben den Fernseher selbst repariert.

Они́ не да́ли нам свой телеви́зор, он был ну́жен им сами́м.

Sie haben uns ihren Fernseher nicht geliehen, weil sie ihn selber brauchten.

Die Deklination von сам, само́, сама́, са́ми			
	m	**f**	**nt**	**Plural**
Nominativ	сам	сама́	само́	са́ми
Genitiv	самого́	самой	самого́	сами́х
Dativ	самому́	самой	самому́	сами́м
Akkusativ	сам/самого́ [1]	саму́	само́	са́ми/сами́х [1]
Instrumental	сами́м	самой	сами́м	сами́ми
Präpositiv	(о) само́м	(о) самой	(о) само́м	(о) сами́х

[1] Analog zur Substantivdeklination sind der maskuline Akkusativ Singular sowie der Akkusativ Plural aller drei Geschlechter dem Genitiv gleich, wenn sich das Definitpronomen auf ein Substantiv bezieht, das ein Lebewesen bezeichnet.

Са́мый

Das Definitpronomen **са́мый** hat folgende verstärkende Bedeutungen:

derselbe, dieselbe, dasselbe, dieselben – mit den Pronomen **тот, та, то, те**:

**На нём це́лую неде́лю те же
са́мые брю́ки и та же
са́мая руба́шка.**

*Er hat eine Woche lang dieselbe
Hose und dasselbe Hemd an.*

direkt, unmittelbar – bei Ortsangaben:

у са́мого вхо́да

direkt beim Eingang

Es wird außerdem zur Bildung des Superlativs verwendet (▶ Kap. 5)
Das Definitpronomen **са́мый** wird wie ein Adjektiv dekliniert.

Ка́ждый, любо́й, вся́кий

Diese Pronomen geben die Bedeutung von *jeder* in vielfältigen Schattierungen
wieder und werden wie Adjektive dekliniert.

7 Имена́ числи́тельные –
Zahlwörter

Im Russischen existieren Grund- und Ordnungszahlen und im Unterschied zum
Deutschen auch Sammelzahlen.

Grundzahlen

Von 1–9		Von 11–19		Zehner		Hunderter	
1	оди́н	11	оди́ннадцать	10	де́сять	100	сто
2	два	12	двена́дцать	20	два́дцать	200	две́сти
3	три	13	трина́дцать	30	три́дцать	300	три́ста
4	четы́ре	14	четы́рнадцать	40	со́рок	400	четы́реста
5	пять	15	пятна́дцать	50	пятьдеся́т	500	пятьсо́т
6	шесть	16	шестна́дцать	60	шестьдеся́т	600	шестьсо́т
7	семь	17	семна́дцать	70	се́мьдесят	700	семьсо́т
8	во́семь	18	восемна́дцать	80	во́семьдесят	800	восемьсо́т
9	де́вять	19	девятна́дцать	90	девяно́сто	900	девятьсо́т

0	ноль
1.000	ты́сяча
2.000	две ты́сячи
5.000	пять ты́сяч
1.000.000	миллио́н
2.000.000	два миллио́на
5.000.000	пять миллио́нов
1.000.000.000	миллиа́рд
1.000.000.000.000	триллио́н

Verwendung der Grundzahlen

Die Grundzahlen werden in der Verbindung mit Substantiven nach Geschlecht nicht unterschieden. Eine Ausnahme bildet das Zahlwort **оди́н** (*eins*), das drei Geschlechter aufweist:

оди́н чемода́н m	*ein Koffer*
одна́ су́мка f	*eine Tasche*
одно́ одея́ло nt	*eine Decke*

Das Zahlwort **два** weist zwei verschiedene Formen auf:

два чемода́на m	*zwei Koffer*
две су́мки f	*zwei Taschen*
два одея́ла nt	*zwei Decken*

Die nach Grundzahlwörtern stehenden Substantive werden folgendermaßen dekliniert:

Lediglich nach **оди́н, одна́, одно́** steht, wie im Deutschen, der Nominativ.

Nach den Grundzahlwörtern **два, две, три** und **четы́ре** stehen die gezählten Substantive im Genitiv Singular.

Nach allen anderen Grundzahlwörtern stehen die gezählten Substantive im Genitiv Plural.

Bei zusammengesetzten Zahlen entscheidet das letzte Glied über die Deklination des gezählten Substantivs:

два́дцать оди́н чемода́н nom sg	*21 Koffer*
два́дцать два чемода́на gen sg	*22 Koffer*
два́дцать пять чемода́нов gen pl	*25 Koffer*
со́рок одна́ су́мка nom sg	*41 Taschen*
со́рок две су́мки gen sg	*42 Taschen*
со́рок пять су́мок gen pl	*45 Taschen*

Werden in Verbindung mit Zahlen Adjektive (oder substantivierte Adjektive wie z. B. **моро́женое** – *Eis,* **бу́лочная** – *Bäckerei*) verwendet, so gelten folgende Regeln:

Nach **оди́н, одна́, одно́** steht das Adjektiv im Nominativ und stimmt in Geschlecht und Kasus mit dem Substantiv überein:

оди́н большо́й чемода́н	*ein großer Koffer*
одна́ кра́сная су́мка	*eine rote Tasche*
одно́ тёплое одея́ло	*eine warme Decke*

Nach **два, две, три, четы́ре** steht das Adjektiv im Plural. Bezieht es sich auf ein maskulines oder neutrales Substantiv, so steht es im Genitiv Plural, stimmt also grammatisch mit seinem Bezugswort nicht überein:

два больши́х gen pl чемода́на gen sg	*zwei große Koffer*
три тёплых gen pl одея́ла gen sg	*drei warme Decken*

Bezieht sich das Adjektiv auf ein feminines Substantiv, so steht es im Nominativ Plural:

две кра́сные nom pl су́мки gen sg	*zwei rote Taschen*

Nach allen übrigen Zahlwörtern steht das Adjektiv im Genitiv Plural:

семь больши́х gen pl чемода́нов gen pl	*sieben große Koffer*
шесть кра́сных gen pl су́мок gen pl	*sechs rote Taschen*
де́вять тёплых gen pl одея́л gen pl	*neun warme Decken*

Deklination der Grundzahlen

Im Unterschied zum Deutschen werden Grundzahlen im Russischen dekliniert.

Steht die Grundzahl nicht im Nominativ, so stimmt sie mit den verbundenen Substantiven in Geschlecht, Zahl und Fall überein:

Я не могу́ ждать ни одно́й мину́ты gen.	*Ich kann keine einzige Minute warten.*
Ему́ о́коло восьми́десяти трёх лет gen pl.	*Er ist ungefähr 83 Jahre alt.*
Я зайду́ к тебе́ к четырём часа́м dat pl.	*Ich komme gegen vier Uhr bei dir vorbei.*

Deklination von оди́н

	m	f	nt	Plural
Nominativ	оди́н	одна́	одно́	одни́
Genitiv	одного́	одно́й	одного́	одни́х
Dativ	одному́	одно́й	одному́	одни́м
Akkusativ	оди́н/одного́[11]	одну́	одно́	одни́/одни́х[1]
Instrumental	одни́м	одно́й	одни́м	одни́ми
Präpositiv	(об) одно́м	(об) одно́й	(об) одно́м	(об) одни́х

Deklination von два, три, четы́ре

	m	f	nt	Plural
Nominativ	два	две	три	четы́ре
Genitiv	двух	двух	трёх	четырёх
Dativ	двум	двум	трём	четырём
Akkusativ	два/двух[1]	две/двух[1]	три/трёх[1]	четы́ре/четырёх[1]
Instrumental	двумя́	двумя́	тремя́	четырьмя́
Präpositiv	(о) двух	(о) двух	(о) трёх	(о) четырёх

[1] Analog zur Substantivdeklination sind der maskuline Akkusativ Singular sowie der Akkusativ Plural aller drei Geschlechter dem Genitiv gleich, wenn sich das Zahlwort auf ein Substantiv bezieht, das ein Lebewesen bezeichnet.

Die Kategorie der Belebtheit (▶ Kap. 4 Belebte und unbelebte Substantive) spielt nur bei **оди́н, два, три, четы́ре** eine Rolle. Bei allen anderen Zahlwörtern gleicht in Verbindung mit belebten Substantiven der Akkusativ dem Nominativ.

Deklination von пять, пятьдеся́т, пятьсо́т

Nominativ	пять	пятьдеся́т	пятьсо́т
Genitiv	пяти́	пяти́десяти	пятисо́т
Dativ	пяти́	пяти́десяти	пятиста́м
Akkusativ	пять	пятьдеся́т	пятьсо́т
Instrumental	пятью́	пятью́десятью	пятьюста́ми
Präpositiv	(о) пяти́	(о) пяти́десяти	(о) пятиста́х

– Wie **пятьдеся́т** werden dekliniert: **шестьдеся́т, се́мьдесят, во́семьдесят.**

–Wie **пятьсо́т** werden dekliniert: **шестьсо́т, семьсо́т, восемьсо́т, девятьсо́т.**

Deklination von со́рок, девяно́сто, сто

Die Zahlwörter **со́рок, девяно́сто** und **сто** haben im Genitiv, Dativ, Instrumental und Präpositiv die Endung **-а** (**сорока́, девяно́ста, ста**). Der Akkusativ gleicht dem Nominativ.

Deklination von две́сти, три́ста, четы́реста

Nominativ	две́сти	три́ста	четы́реста
Genitiv	двухсо́т	трёхсо́т	четырёхсо́т
Dativ	двумста́м	трёмста́м	четырёмста́м
Akkusativ	две́сти	три́ста	четы́реста
Instrumental	двумяста́ми	тремяста́ми	четырьмяста́ми
Präpositiv	(о) двухста́х	(о) трёхста́х	(о) четырёхста́х

Rechnen

2 + 2	=	4	два плюс два бу́дет[1] четы́ре / два плюс два равня́ется четырём
4 – 2	=	2	четы́ре ми́нус два бу́дет[1] два / равня́ется двум
2 × 3	=	6	два умно́жить на три бу́дет[1] шесть / равня́ется шести́
6 : 2	=	3	шесть раздели́ть на два бу́дет[1] три / равня́ется трём
2^3	=	8	два в тре́тьей сте́пени бу́дет[1] во́семь / равня́ется восьми́
$\sqrt{9}$	=	3	ко́рень из девяти́ бу́дет[1] три / равня́ется трём

[1] бу́дет kann, insbesondere bei einfachen Berechnungen, auch weggelassen werden: два плюс два – четы́ре.

Von 2 bis 10 × ... auch:

2 × 3	=	6	два́жды три – шесть
3 × 3	=	9	три́жды три – де́вять
4 × 3	=	12	четы́режды три – двена́дцать
5 × 3	=	15	пя́тью три – пятна́дцать
6 × 3	=	18	ше́стью три – восемна́дцать
7 × 3	=	21	се́мью три – два́дцать оди́н
8 × 3	=	24	во́семью три – два́дцать четы́ре
9 × 3	=	27	де́вятью три – два́дцать семь
10 × 3	=	30	де́сятью три – три́дцать

Fragen nach Rechenergebnissen werden mit ско́лько бу́дет ... eingeleitet:

Ско́лько бу́дет два плюс два?	*Wie viel ist zwei plus zwei?*
Ско́лько бу́дет два умно́жить на три?	*Wie viel ist zwei mal drei?*
Ско́лько бу́дет се́мью три?	*Wie viel ist sieben mal drei?*

Sammelzahlen

Zu den Sammelzahlen gehören folgende Zahlwörter: **дво́е** – zwei, **тро́е** – drei, **че́тверо** – vier, **пя́теро** – fünf, **ше́стеро** – sechs, **се́меро** – sieben, **во́сьмеро** – acht, **де́вятеро** – neun, **де́сятеро** – zehn; **о́ба, о́бе** – beide.

Nach den Sammelzahlwörtern steht der Genitiv Plural, eine Ausnahme bilden **о́ба, о́бе**. Hier steht der Genitiv Singular:

тро́е друзе́й gen pl	*drei Freunde*
о́ба чемода́на gen sg	*beide Koffer*
о́бе су́мки gen sg	*beide Taschen*

Verwendung der Sammelzahlen

Der Gebrauch von Sammelzahlen ist in folgenden Fällen obligatorisch: mit Substantiven, die nur im Plural gebraucht werden:

Он е́здил тро́е су́ток.	*Er war drei Tage unterwegs.*
Хоро́шему парикма́херу ну́жно пя́теро но́жниц.	*Ein guter Friseur braucht fünf Scheren.*
У неё дво́е ра́зных часо́в.	*Sie hat zwei verschiedene Uhren.*

mit Substantiven, die Tierjunge bezeichnen:

Волк и се́меро козля́т	*Der Wolf und die sieben Geißlein*
В подва́ле живу́т дво́е котя́т,	*Im Keller leben zwei Katzenjunge,*
че́тверо щеня́т и во́сьмеро цыпля́т.	*vier Welpen und acht Küken.*

mit Pronomen, und zwar in der Regel dann, wenn es sich um Personen männlichen Geschlechts handelt:

Пришли́ все че́тверо.	*Alle vier sind gekommen.*
Вчера́ не́ было вас трои́х.	*Gestern fehltet ihr drei.*

alleinstehend, ohne Pronomen oder Substantive, wobei hier auch Personen weiblichen Geschlechts bezeichnet werden können:

Тро́е стоя́ли пе́ред до́мом и кури́ли.	*Drei standen vor dem Haus und rauchten.*
Их бы́ло в кино́ тро́е:	*Sie waren zu dritt im Kino:*
Ма́ша, Са́ша и тётя Мару́ся.	*Mascha, Sascha und Tante Marusja.*

zur Bezeichnung paariger Gegenstände:

дво́е рук	*zwei Paar Hände*
тро́е лыж	*drei Paar Ski*

Der Gebrauch von Sammelzahlwörtern ist in folgenden Fällen neben dem Gebrauch von Grundzahlen möglich:

mit Substantiven, die Personen männlichen Geschlechts bezeichnen:

Пя́теро рабо́чих пришли́ к нача́льнику.	*Fünf Arbeiter kamen zum Chef.*
Пять рабо́чих пришли́ к нача́льнику.	*Fünf Arbeiter kamen zum Chef.*
Тро́е лётчиков забастова́ли.	*Drei Piloten gingen in Streik.*
Три лётчика забастова́ли.	*Drei Piloten gingen in Streik.*

Deklination der Sammelzahlen

Die Sammelzahlen werden wie der Plural der Adjektive dekliniert. Sie sind (außer о́ба, о́бе) ab dem Genitiv endungsbetont:

	zwei	*drei*	*vier*	*beide (m)*	*beide (f)*
Nominativ	дво́е	тро́е	че́тверо	о́ба	о́бе
Genitiv	двои́х	трои́х	четверы́х	обо́их	обе́их
Dativ	двои́м	трои́м	четверы́м	обо́им	обе́им
Akkusativ	дво́е/	тро́е/	че́тверо/	о́ба/	о́бе/обе́их
	двои́х[1]	трои́х	четверы́х	обо́их	
Instrumental	двои́ми	трои́ми	четверы́ми	обо́ими	обе́ими
Präpositiv	(о)двои́х	(о)трои́х	(о)четверы́х	(об) обо́их	(об)обе́их

[1] Analog zur Substantivdeklination ist der Akkusativ Plural dem Genitiv
gleich, wenn sich das Sammelzahlwort auf ein Substantiv bezieht, das ein
Lebewesen bezeichnet.
Die Sammelzahlwörter **пя́теро, ше́стеро, се́меро, во́сьмеро, де́вятеро** und
де́сятеро werden wie **че́тверо** dekliniert.

Ordnungszahlwörter

Von 1–9	Von 11–19	Zehner	Hunderter
1. пе́рвый	11. оди́ннадцатый	10. деся́тый	100. со́тый
2. второ́й	12. двена́дцатый	20. двадца́тый	200. двухсо́тый
3. тре́тий	13. трина́дцатый	30. тридца́тый	300. трёхсо́тый
4. четвёртый	14. четы́рнадцатый	40. сороково́й	400. четырёхсо́тый
5. пя́тый	15. пятна́дцатый	50. пятидеся́тый	500. пятисо́тый
6. шесто́й	16. шестна́дцатый	60. шестидеся́тый	600. шестисо́тый
7. седьмо́й	17. семна́дцатый	70. семидеся́тый	700. семисо́тый
8. восьмо́й	18. восемна́дцатый	80. восьмидеся́тый	800. восьмисо́тый
9. девя́тый	19. девятна́дцатый	90. девяно́стый	900. девятисо́тый

1.000.	ты́сячный
1.000.000	миллио́нный
1.000.000.000	миллиа́рдный
1.000.000.000.000	триллио́нный

Ordnungszahlwörter werden wie Adjektive dekliniert. Das Zahlwort **тре́тий**, **тре́тья**, **тре́тье** weist in allen abgeleiteten Kasus ein **-ь-** vor der Endung auf.

Bei mehrgliedrigen Zahlwörtern erhält nur das letzte Wort die Form des Ordnungszahlwortes: **со́рок тре́тий**, **две́сти пятьдеся́т седьмо́й**. Ebenso wird nur das letzte Zahlwort dekliniert:

Я родила́сь два́дцать четвёртого ноября́. *Ich wurde am 24. November geboren.*

Bruchzahlen

Bruchzahlen werden durch Verbindung von Grundzahlen mit Ordnungszahlen gebildet. Der Zähler wird durch die Grundzahl im Nominativ, der Nenner durch die Ordnungszahl im Genitiv Plural bezeichnet:

3/5   **три пя́тых**   7/8   **семь восьмы́х**

Ist der Zähler eine Eins oder eine Zwei, so wird er durch die feminine Form **одна́** bzw. **две** bezeichnet:

1/3   **одна́ тре́тья (до́ля едини́цы)**   2/5   **две пя́тых (до́ли едини́цы)**

Bei gemischten Zahlen wird in der Regel den ganzen Zahlen das Adjektiv **це́лый** (*ganz*) angefügt:

1 3/4	одна́ це́лая и[1] три четвёртых
3 5/6	три це́лых и[1] пять шесты́х

[1] **и** kann auch weggelassen werden.

Nach einer Bruchzahl steht das von ihr abhängige Substantiv stets im Genitiv Singular:

три пя́тых пове́рхности земли́   *drei Fünftel der Erdoberfläche*

Zusammen mit abhängigen Substantiven wird anstelle 1/2 (**одна́ втора́я**) das Substantiv **полови́на**, anstelle 1/3 (**одна́ тре́тья**) das Substantiv **треть**, sowie anstelle von 1/4 (**одна́ четвёртая**) das Substantiv **че́тверть** verwendet:

Са́ша посмотре́л то́лько   *Sascha hat nur die Hälfte des*
полови́ну фи́льма.   *Films gesehen.*

Dezimalzahlen

Dezimalzahlen werden wie Brüche behandelt:

0,6	ноль це́лых и[1] шесть деся́тых
21,48	два́дцать одна́ це́лая и[1] со́рок во́семь со́тых
39,275	три́дцать де́вять це́лых и[1] две́сти се́мьдесят пять ты́сячных

[1] **и** kann auch weggelassen werden.

Datum und Uhrzeit

Како́е сего́дня число́?	*Welches Datum haben wir heute?*
Сего́дня пя́тое nt **сентября́.**	*Heute ist der 5. September.*

Когда́ роди́лся Пу́шкин?	*Wann wurde Puschkin geboren?*
Пу́шкин роди́лся шесто́го	*Puschkin wurde am 6. Juni 1799*
ию́ня gen **ты́сяча семьсо́т**	*geboren.*
девяно́сто девя́того го́да gen.	
Он у́мер в ты́сяча восемьсо́т	*Er starb 1837.*
три́дцать седьмо́м году́ präp.	

Ско́лько сейча́с вре́мени?	*Wie spät ist es?*
Два часа́ три́дцать мину́т	*2 Uhr 30 (halb drei).*
(полтре́тьего).	
без пяти́ (мину́т) три	*fünf (Minuten) vor drei*
пять мину́т четвёртого	*fünf (Minuten) nach drei*

Когда́ отправля́ется по́езд?	*Wann fährt der Zug ab?*
По́езд ухо́дит в два часа́ со́рок	*Der Zug geht um 2 Uhr 45 (Viertel*
пять мину́т (без че́тверти три).	*vor drei).*

Neben Adverbien wie **иногда́** (*manchmal*), **здесь** (*hier*), **мно́го** (*viel*) gibt es Adverbien, die von Adjektiven abgeleitet werden:

Von Qualitätsadjektiven werden Adverbien abgeleitet, indem die Endung **-o** bzw. **-e** an den Stamm angefügt wird:

поле́зный – поле́зно (*nützlich*); **и́скренний – и́скренне** (*aufrichtig*).

Von Beziehungsadjektiven werden Adverbien abgeleitet, indem das Präfix **по-** dem neutralen Dativ Singular vorangestellt wird:

В о́тпуске он люби́л	*Im Urlaub zog er sich gern im*
одева́ться по-пля́жному.	*Strand-Look an.*

Beziehungsadjektive mit der Endung **-ский** bilden Adverbien mit der Endung **-ски**:

преда́тельски (*verräterisch*), **логи́чески** (*logisch*), **ирони́чески** (*ironisch*).

Oft wird das Präfix **по-** vorangestellt:

по-геро́йски (*heldenhaft*), **по-отцо́вски** (*väterlich*), **по-ру́сски** (*russisch*).

Steigerung der Adverbien

Die von Qualitätsadjektiven abgeleiteten Adverbien mit der Endung **-o / -e** werden wie die entsprechenden Adjektive gesteigert:

Ма́ша побежа́ла быстре́е.	*Mascha lief schneller.*
Ма́ша бе́гала быстре́е всех.	*Mascha lief am schnellsten.*

Negative Adverbien

Negative Adverbien mit der Vorsilbe **ни-** verlangen die doppelte Verneinung durch die Negationspartikel **не** vor dem Verb:

Я свои́ очки́ нигде́ не нашла́.	*Ich habe meine Brille nirgends gefunden.*
Здоро́вье нигде́ не ку́пишь.	*Gesundheit kann man nirgends kaufen.*
Я э́того никогда́ не забу́ду.	*Ich werde das nie vergessen.*

Die mit **не́-** zusammengesetzten verneinenden Adverbien werden ausschließlich in unpersönlichen Sätzen verwendet:

Ей де́ньги взять не́откуда.	*Sie kann das Geld nirgends auftreiben.*
Мне не́когда.	*Ich habe keine Zeit.*

Die russischen Verben haben nur drei Zeitstufen: Präsens, Präteritum und Futur. Es existieren zwei Modi: Indikativ und Konjunktiv, wobei lediglich der Indikativ in allen drei Zeitstufen vorkommt. Vom Konjunktiv existiert für alle Zeitstufen nur eine Form.

Aspekte

Die scheinbare Formenarmut des russischen Verbalsystems wird ausgeglichen durch eine Besonderheit des Russischen: die Aspekte. Fast jedes russische Verb tritt in zwei verschiedenen Formen auf: dem perfektiven (vollendeten) und dem imperfektiven (unvollendeten) Aspekt. Das bedeutet, dass einem deutschen Verb wie z. B. *sehen* zwei russische Verben entsprechen: **ви́деть** (imperfektiv) und **уви́деть** (perfektiv). Die Anwendung dieser beiden verschiedenen Formen ist situationsabhängig und die Kunst besteht darin, in der jeweiligen Situation den richtigen Aspekt auszuwählen, denn leider sind die beiden Formen in den seltensten Fällen gleichermaßen verwendbar.

Das Aspektsystem birgt eine Fülle von differenzierten Ausdrucksmöglichkeiten für die verschiedensten Sachverhalte in sich. Grob unterschieden werden die Aspekte durch folgende Unterteilung:

Der imperfektive Aspekt bezeichnet eine nicht abgeschlossene Handlung in ihrem Ablauf, in ihrer Dauer oder ihrer Wiederholung sowie eine ständige Eigenschaft, einen Zustand des Subjekts. Mit den folgenden Adverbialbestimmungen steht in der Regel der imperfektive Aspekt: **ка́ждый день, ка́ждый год, ка́ждый час, ка́ждую мину́ту, обы́чно, ча́сто, всегда́, ежедне́вно, еженеде́льно, це́лыми дня́ми, всё лу́чше и лу́чше** usw. Der imperfektive Aspekt bildet alle drei Zeitstufen: Präsens, Präteritum und Futur.

Der perfektive Aspekt bezeichnet eine abgeschlossene, zeitlich begrenzte Handlung, unabhängig davon, ob es sich um ihren Beginn oder ihren Abschluss handelt, eine einmalige Handlung, die ein bestimmtes Ergebnis hat. Mit folgenden Adverbialbestimmungen steht in der Regel der perfektive Aspekt: **вдруг, неожи́данно, внеза́пно, случа́йно, впервы́е, momentа́льно, в одну́ мину́ту, сейча́с же** usw. Der perfektive Aspekt bildet nur Präteritum und Futur, ein perfektives Präsens existiert nicht (▶ Kap. 9 Präsens).

uv: КАЖДЫЙ – jede
ОБЫЧНЫЙ – üblich
ЧАСТО – häufig
ВСЕГДА – immer
ЕЖЕДНЕВНО – täglich / wöchentlich
ЦЕЛЫМИ ДНЯМИ – ganze tagelang
ВСЁ ЛУЧШЕ – immer besser

V: ВДРУГ	auf einmal
НЕОЖИДАННО	plötzlich
ВНЕЗАПНО	auf einmal
СЛУЧАЙНО	auf einmal
ВПЕРВЫЕ	Re-Zufall / zufällich
	erstmals
МОМЕНТАЛЬНО	momentan
ОДНУ МИНУТУ	eine Minute
СЕЙЧАС ЖЕ	jetzt

Bildung der Aspekte

Die meisten Verben ohne Präfigierung gehören dem imperfektiven Aspekt an. Durch Voranstellung eines Präfix werden diese Verben perfektiv, gleichzeitig tritt häufig eine Bedeutungsveränderung ein:

imperfektiver Aspekt	perfektiver Aspekt	Deutsch:
кури́ть – *rauchen*	вы́курить	*zu Ende rauchen*
	закури́ть	*sich eine Zigarette anzünden*
	накури́ть	*vollqualmen*
	перекури́ть	*eine Rauchpause einlegen*
	покури́ть	*eine gewisse Zeit mit Rauchen verbringen*
	прикури́ть	*sich an der Zigarette eines anderen eine Zigarette anzünden*

Es gibt auch Verben, die keinen Aspektpartner haben, wie z. B. **находи́ться**, impf. *(sich befinden)*, **состоя́ться**, pf. *(stattfinden)* u. a.

Von den durch Präfix gebildeten perfektiven Verben wird in der Regel durch Einschub der Suffixe **-ыва-, -ва-** und **-ива-** der imperfektive Aspektpartner gleicher Bedeutung gebildet:

perfektiver Aspekt	imperfektiver Aspekt
вы́курить	выку́ривать
закури́ть	заку́ривать
накури́ть	наку́ривать
перекури́ть	переку́ривать
покури́ть	поку́ривать
прикури́ть	прику́ривать

Manche imperfektiven Aspektpartner werden von perfektiven Formen auf **-ить** durch Einschub des Suffixes **-а-, -я-** abgeleitet wie z. B.:

perfektiver Aspekt	imperfektiver Aspekt	Deutsch
получи́ть	получа́ть	*bekommen*
бро́сить	броса́ть	*werfen*
замени́ть	заменя́ть	*ersetzen*

Einige Aspektpaare gehören zwei verschiedenen Wortstämmen an wie z. B.:

perfektiver Aspekt	imperfektiver Aspekt	Deutsch
взять	брать	*nehmen*
положи́ть	класть	*legen*
сказа́ть	говори́ть	*sprechen*
сесть	сади́ться	*sich setzen*
лечь	ложи́ться	*sich legen*

Gebrauch der Aspekte

Die wichtigsten Funktionen der russischen Verbalaspekte im Präteritum, Futur, Infinitiv und Imperativ finden Sie in der nachfolgenden Übersicht dargestellt.

Gebrauch der Aspekte im Präteritum

Präteritum

imperfektiver Aspekt	perfektiver Aspekt
Zum Ausdruck einer sich wiederholenden Handlung: **Ле́том она́ по́здно ложи́лась спать.** *Im Sommer legte sie sich (immer) spät schlafen.*	Zum Ausdruck einer einmaligen Handlung: **Вчера́ она́ по́здно легла́ спать.** *Gestern legte sie sich spät schlafen.*
Zum Ausdruck des Handlungsablaufs: **Ма́ша весь ве́чер рисова́ла карти́ну.** *Mascha zeichnete den ganzen Abend an einem Bild (und es ist unklar, ob es fertig ist).*	Zum Ausdruck der Vollendung einer Handlung: **Ма́ша нарисова́ла карти́ну и подари́ла её подру́ге.** *Mascha zeichnete ein Bild (bis es fertig war) und schenkte es ihrer Freundin.*
Zur Wiedergabe von gleichzeitig ablaufenden Handlungen: **Са́ша чи́стил зу́бы, а Ма́ша мы́ла го́лову.** *Sascha putzte sich die Zähne und Mascha wusch sich die Haare.*	Zur Wiedergabe aufeinander folgender und abgeschlossener Handlungen: **Снача́ла Са́ша почи́стил зу́бы, а пото́м Ма́ша помы́ла го́лову.** *Zuerst putzte sich Sascha die Zähne, dann wusch sich Mascha die Haare.*
Zur Wiedergabe des Ablaufes einer Handlung vor dem Hintergrund einer anderen: **В до́ме хло́пали дверьми́, пока́ ма́ма игра́ла на пиани́но.** *Im Haus knallte jemand (ständig) mit der Tür, während Mutter Klavier spielte.*	Zur Wiedergabe einer momentanen Handlung vor dem Hintergrund eines Prozesses, der durch ein imperfektives Verb ausgedrückt ist: **В до́ме хло́пнули две́рью, когда́ ма́ма игра́ла на пиани́но.** *Im Haus knallte jemand (einmal) mit der Tür, während Mutter Klavier spielte.*

Präteritum

imperfektiver Aspekt	perfektiver Aspekt
Zum Ausdruck einer Handlung, deren Resultat zum Redemoment annulliert ist (▸ Kap. 9 Aspekte der Verben der Fortbewegung):	Zum Ausdruck einer einmaligen abgeschlossenen Handlung:
Мы зна́ем, что вор открыва́л сейф, потому́ что он забы́л в нём свои́ перча́тки. *Wir wissen, dass der Dieb den Safe öffnete, weil er seine Handschuhe darin vergessen hat. (Der Safe ist geschlossen).*	**Вор откры́л сейф, взял де́ньги и исче́з.** *Der Dieb öffnete den Safe, nahm das Geld und verschwand. (Der Safe ist geöffnet).*
Zum Ausdruck eines Zustandes, der sich auf die Vergangenheit bezieht und der zum Redemoment nicht mehr besteht:	Zum Ausdruck eines Zustandes, der sich auf die Vergangenheit bezieht und zum Redemoment noch besteht:
Мне в де́тстве нра́вилась ри́совая ка́ша (= сейча́с не нра́вится). *In meiner Kindheit habe ich gerne Milchreis gegessen. (Jetzt esse ich ihn nicht mehr gerne).*	**Мне ещё в де́тстве понра́вилась ри́совая ка́ша (= нра́вится и сейча́с).** *Seit meiner Kindheit esse ich gerne Milchreis. (Auch jetzt esse ich ihn gerne).*

Gebrauch der Aspekte im Futur

Futur

imperfektiver Aspekt	perfektiver Aspekt
Zum Ausdruck einer sich wiederholenden Handlung oder einer Handlung, die als Prozess aufgefasst wird:	Zum Ausdruck einer einmaligen Handlung und der Überzeugung des Sprechenden davon, dass die handelnde Person die Handlung ausführen und das gewünschte Resultat erreichen wird:
Я бу́ду писа́ть тебе́ ка́ждую неде́лю. *Ich werde dir jede Woche schreiben.*	**За́втра я напишу́ и отпра́влю письмо́ (= смогу́ написа́ть и отпра́вить).** *Morgen schreibe ich einen Brief und schicke ihn ab. (Ich werde es schaffen, ihn fertig zu schreiben und abzuschicken.)*

Zum Ausdruck von gleichzeitig ablaufenden Handlungen:

Мы бу́дем танцева́ть и петь.
Wir werden tanzen und dabei singen.

Zum Ausdruck einer Reihenfolge von abgeschlossenen Handlungen:

Снача́ла потанцу́ем, пото́м пе́сню спо́ём.
Zuerst werden wir tanzen und dann ein Lied singen.

Zum Ausdruck einer Handlung, die das Subjekt nicht ausführen wird, weil es nicht will oder nicht muss:

Я не бу́ду экза́мен сдава́ть (= не хочу́ сдава́ть/не должна́ сдава́ть).
Ich werde die Prüfung nicht ablegen (ich will nicht, bzw. ich muss nicht).

Zum Ausdruck einer Handlung, die das Subjekt nicht ausführen wird, weil es nicht kann bzw. weil es das gewünschte Resultat nicht erreichen kann:

Я не сдам экза́мен, так как у меня́ не́ было вре́мени для подгото́вки.
Ich werde/kann die Prüfung nicht bestehen, weil ich keine Zeit zur Vorbereitung hatte.

Gebrauch der Aspekte im Infinitiv

Infinitiv

imperfektiver Aspekt	perfektiver Aspekt
Zum Ausdruck eines Prozesses oder einer sich wiederholenden Handlung: **Она́ всегда́ хоте́ла рабо́тать за рубежо́м.** *Sie wollte schon immer im Ausland arbeiten.*	Zum Ausdruck einer einmaligen Handlung: **Она́ всегда́ хоте́ла съе́здить в Кита́й.** *Sie wollte schon immer einmal eine Reise nach China machen.*
Die Handlung wird verboten (in Verbindung mit **нельзя́**), nicht empfohlen (in Verbindung mit **не на́до, не́зачем, не сле́дует, не сто́ит** u. a.): **На борту́ самолёта нельзя́ кури́ть.** *An Bord des Flugzeuges darf man nicht rauchen.* **Вам не сле́дует кури́ть.** *Sie sollten nicht rauchen.*	Es ist unmöglich, die Handlung auszuführen (in Verbindung mit **нельзя́**): **На у́лице си́льный ве́тер, да́же закури́ть нельзя́.** *Auf der Straße weht der Wind so stark, dass man nicht einmal eine Zigarette anzünden kann.*

Zum Ausdruck einer Bitte, eines Ratschlags oder eines Befehls, die Handlung nicht auszuführen:	Zum Ausdruck einer Bitte, eines Ratschlags oder eines Befehls, eine einmalige Handlung auszuführen:
Я прошу́ Вас не закрыва́ть окно́. *Ich bitte Sie, das Fenster nicht zu schließen.*	**Я прошу́ Вас закры́ть окно́.** *Ich bitte Sie, das Fenster zu schließen.*
Nach Verben, die Beginn, Fortdauer und Abschluss einer Handlung bezeichnen:	
Он на́чал говори́ть. *Er begann zu sprechen.* **Она́ переста́ла есть мя́со.** *Sie hörte auf, Fleisch zu essen.*	

Gebrauch der Aspekte im Imperativ

Imperativ	
imperfektiver Aspekt	**perfektiver Aspekt**
Zum Ausdruck einer Einladung, eine Handlung auszuführen:	Zum Ausdruck eines Befehls:
Сади́тесь, пожа́луйста! *Nehmen Sie bitte Platz!*	**Ся́дьте!** *Setzen Sie sich!*
Zum Ausdruck einer Bitte oder einer Aufforderung, eine sich wiederholende oder andauernde Handlung auszuführen:	Zum Ausdruck einer Bitte, einer Aufforderung oder eines Befehls, eine einmalige Handlung auszuführen:
Регуля́рно полоска́йте ра́ну. *Spülen Sie die Wunde regelmäßig.*	**По́сле сня́тия повя́зки прополоска́йте ра́ну.** *Spülen Sie die Wunde nach entfernen des Verbandes.*

Verben der Fortbewegung

Das Russische unterscheidet im Gegensatz zum Deutschen bei Verben der Fortbewegung wie z. B. *gehen, fahren, schwimmen* zwischen einer zielgerichteten und einer nicht zielgerichteten Bewegung. Jede Fortbewegung kann durch unbestimmte Verben als nicht zielgerichtet oder durch bestimmte Verben als zielgerichtet wiedergegeben werden. Sowohl die bestimmte als auch die unbestimmte Form gehören dem imperfektiven Aspekt an. Da diese Unterscheidung im Deutschen nicht getroffen wird, entspricht einem deutschen Verb ein russisches Verbpaar. Es handelt sich um folgende vierzehn Verbpaare:

Bestimmte Bewegung	Unbestimmte Bewegung	Deutsch
бежа́ть	бе́гать	*laufen, rennen*
брести́	броди́ть	*schlendern*
везти́	вози́ть	*fahrend transportieren*
вести́	води́ть	*führen*
гнать	гоня́ть	*treiben, jagen*
е́хать √	е́здить √	*fahren* √
идти́ √	ходи́ть √	*gehen* √
кати́ть	ката́ть	*wälzen, rollen*
лезть	ла́зить	*klettern*
лете́ть	лета́ть	*fliegen*
нести́	носи́ть	*tragen*
плыть	пла́вать	*schwimmen*
ползти́	по́лзать	*kriechen*
тащи́ть	таска́ть	*schleppen*

Die Verben der bestimmten Bewegung bezeichnen:

eine Bewegung in eine Richtung:

Ма́ша идёт сейча́с в бассе́йн.   *Mascha geht jetzt ins Schwimmbad.*

eine Bewegung mit Hinweis auf ihr Ziel:

Мы е́дем во Фра́нцию.   *Wir fahren nach Frankreich.*

Die Verben der unbestimmten Bewegung bezeichnen:

eine Bewegung hin und zurück, eine mehrmalig ausgeführte Bewegung:

Ма́ша хо́дит в бассе́йн.   *Mascha geht (oft) ins Schwimmbad.*
          (Sie geht zum Schwimmbad und
          wieder zurück nach Hause).

Мы ча́сто е́здили во   *Wir fuhren oft nach Frankreich*
 Фра́нцию.   (und wieder zurück nach Hause).

eine nicht zielgerichtete Bewegung:

Му́ха пла́вает в бока́ле вина́.   *Die Mücke schwimmt im Weinglas.*

eine ständige Eigenschaft, eine allgemeine Fähigkeit:

Ры́бы пла́вают.   *Fische (können) schwimmen.*

Öffentliche Verkehrsmittel, die nach einem Plan verkehren, werden in der
Regel mit den Verben **идти́ – ходи́ть** genannt:

Авто́бус хо́дит ка́ждые пять   *Der Bus fährt alle fünf Minuten.*
 мину́т.

Трамва́й идёт в центр.   *Die Straßenbahn fährt in die Stadt-
          mitte.*

Паро́м хо́дит то́лько ле́том.   *Die Fähre verkehrt nur im Sommer.*

Parallel hierzu wird eine Fortbewegung per Schiff, Fähre, Floß usw. mit den
Verben **плыть – плáвать** bezeichnet:

be **Парохóд плывёт из Гáмбурга
в Панáму.** ──◦

Ün **В воскресéнье мы плáвали на
лóдке.**

*Der Dampfer fährt von Hamburg
nach Panama.*

*Am Sonntag sind wir Boot
gefahren.*

Aspekte der Verben der Fortbewegung

Im Präsens und Präteritum gehören sowohl die bestimmte als auch die
unbestimmte Form dem imperfektiven Aspekt an. Werden bestimmte und
unbestimmte Formen mit einem Präfix versehen, wird die Kategorie der Be-
stimmtheit aufgehoben und die beiden Verben werden zu einem gewöhnlichen
Aspektpaar. Dabei wird das bestimmte Verb perfektiv und das unbestimmte
Verb imperfektiv, z. B.:

perfektiv	imperfektiv	Deutsch
приéхать	**приезжáть**	*kommen* (mit einem Transportmittel, nicht zu Fuß)
уйти	**уходить**	*weggehen*
войти	**входить**	*hineingehen*

Der perfektive Aspekt drückt eine einmalige Handlung, eine Bewegung in eine
Richtung aus:

**Вчера ко мне приéхала
сестрá.**

Пóезд ушёл.

*Gestern ist meine Schwester zu mir
gekommen.*
 (Sie ist immer noch bei mir)
Der Zug ist abgefahren.
 (Er ist nicht mehr da).

Der imperfektive Aspekt kann auf eine Bewegung hinweisen, deren Resultat
zum Redemoment annulliert ist, d. h. eine Bewegung in beide Richtungen, hin
und zurück (▶ Kap. 9 Gebrauch der Aspekte im Präteritum):

**Вчерá ко мне приезжáла
сестрá.**

**Пóсле зáвтрака я уходила на
рабóту.**

Gestern war meine Schwester bei mir.
 (Sie ist wieder weggefahren, nicht
 mehr da.)
*Nach dem Frühstück ging ich zur
Arbeit* (und kam wieder zurück
 nach Hause).

Der imperfektive Aspekt kann auf eine wiederholte Handlung hinweisen:

**Áисты кáждый год перелетáли
чéрез Средизéмное мóре.**

*Die Störche überflogen jedes Jahr
das Mittelmeer.*

Durch Präfigierung mit **по-** entstehen keine Aspektpaare, da hier sowohl
die bestimmten als auch die unbestimmten Formen zu perfektiven Verben
werden. Die mit **по-** präfigierten perfektiven Formen heben den Beginn
einer Handlung hervor:

Когда мы уви́дели чёрные
ту́чи, мы побежа́ли.
Als wir die schwarzen Wolken
sahen, fingen wir an zu laufen.

Dagegen zeigen die mit **по**- präfigierten imperfektiven Formen die kurze Dauer einer Handlung an:

Снача́ла де́ти поигра́ли,
пото́м они́ уста́ли и усну́ли.
Zuerst spielten die Kinder ein
bisschen, dann wurden sie müde
und schliefen ein.

Das Verb быть – sein

Im Präsens werden die Konjugationsformen von **быть** zum Ausdruck des deutschen Verbs *sein* nicht gebraucht. Die im Deutschen mit *sein* verbundenen Satzglieder werden im Russischen ohne Verbindung durch ein Verb nebeneinander gestellt:

Са́ша – социо́лог.
Он всегда́ за́нят.
Sascha ist Soziologe.
Er ist immer beschäftigt.

Im Präteritum muss die entsprechende Form von **быть** gebraucht werden. Ein Substantiv als Prädikatsnomen steht in der Regel im Instrumental:

Са́ша был социо́лолом inst.
Он был всегда́ за́нят.
Sascha war Soziologe.
Er war immer beschäftigt.

Im Futur werden die Konjugationsformen von **быть** verwendet (▸ Kap. 9 Futur). Auch hier steht ein Substantiv als Prädikatsnomen in der Regel im Instrumental, dies gilt ebenso für den Konjunktiv:

Futur
Его мать ду́мает, что он бу́дет
изве́стным профе́ссором inst.
Seine Mutter glaubt, dass er ein
bekannter Professor wird.

Konjunktiv
Для неё это бы́ло бы
большо́й ра́достью inst.
Das wäre eine große Freude für sie.

Taucht **быть** im Infinitiv auf, stehen Adjektiv und Substantiv in der Regel im Instrumental:

Его мечта́ – быть хорошо́
опла́чиваемым сотру́дником
inst **междунаро́дного конце́рна.**
Sein Traum ist, ein gutbezahlter
Mitarbeiter eines internationalen
Konzerns zu sein.

Zeiten

Präsens

Imperfektive Verbformen bilden das Präsens durch Anfügen der Personalendungen im Präsens. Die perfektiven Verbformen bilden kein Präsens. Durch Anfügen der Präsensendung an perfektive Verben erhält man das perfektive Futur:

| Она́ говори́т со свое́й сосе́дкой. | *Sie spricht mit ihrer Nachbarin.* |
| Она́ поговори́т со свое́й сосе́дкой. | *Sie wird mit ihrer Nachbarin sprechen.* |

Personalendungen der e-Konjugation

Präsens			
stammbetont		**endungsbetont**	
vokalisch auslautender Präsensstamm	**konsonantisch auslautender Präsensstamm**	**vokalisch auslautender Präsensstamm**	**konsonantisch auslautender Präsensstamm**
игра́ть *spielen*	ре́зать *schneiden*	встава́ть *aufstehen*	соса́ть *saugen*
я	игра́ю	ре́жу	встаю́	сосу́
ты		ре́жешь	встаёшь	сосёшь
она́, он, оно́		ре́жет	встаёт	сосёт
мы		ре́жем	встаём	сосём
вы		ре́жете	встаёте	сосёте
они́		ре́жут	встаю́т	сосу́т

Beim konsonantisch auslautenden Präsensstamm findet häufig ein Konsonantenwechsel nach folgenden Regeln statt:

г, д, з	▶	ж
к	▶	ч
т	▶	ч, щ
с, х	▶	ш
ск, ст	▶	щ
в, б, м, п, ф	▶	вл, бл, мл, пл, фл

Nach der e-Konjugation werden die meisten Verben auf **-ать, -ять**, viele auf **-еть**, alle Verben auf **-сти, -зти** sowie alle einsilbigen Verben auf **-ить** einschließlich der von ihnen abgeleiteten Verben konjugiert.

Bei den einsilbigen Verben auf **-ить** wird der Stammvokal **-и-** zu **-ь-**: **пить** ▶ **пью, пьёшь; вить** ▶ **вью, вьёшь.**

Bei Verben auf **-овать** und **-евать** verändert sich das Suffix **-ов-** in **-у-** und **-ев-** in **-ю-**, z. B. **сова́ть** ▶ **сую́, суёшь; клева́ть** ▶ **клюю́, клюёшь.**

Verben auf **-авать-** verlieren im Präsensstamm das Suffix **-ва-**, z. B.: **дава́ть** ▶ **даю́, даёшь.**

Personalendungen der i-Konjugation

Präsens		
konsonantisch auslautender Präsensstamm	**vokalisch auslautender Präsensstamm**	**Präsensstamm auf Zischlaut**
люби́ть *lieben*	стоя́ть *stehen*	дрожа́ть *zittern*
я	люблю́	стою́	дрожу́
ты	лю́бишь	стои́шь	дрожи́шь
она́, он, оно́	лю́бит	стои́т	дрожи́т
мы	лю́бим	стои́м	дрожи́м
вы	лю́бите	стои́те	дрожи́те
они́	лю́бят	стоя́т	дрожа́т

Der Konsonantenwechsel findet in der i-Konjugation nur in der 1. Person Singular statt, z. B.:

ви́деть	▶	ви́жу, ви́дишь, ви́дит, ви́дим, ви́дите, ви́дят.
встре́тить	▶	встре́чу, встре́тишь, встре́тит, встре́тим, встре́тите, встре́тят.
тормози́ть	▶	торможу́, тормози́шь, тормози́т, тормози́м, тормози́те, тормозя́т.

Nach der i-Deklination werden alle mehrsilbigen Verben auf **-ить**, viele Verben auf **-еть** sowie einige Verben auf **-ать, -ять** konjugiert.

Futur

Im Russischen existieren zwei Futurformen, eine imperfektive, zusammengesetzte und eine perfektive, einfache. Die zusammengesetze Form wird von imperfektiven Verben mit den Konjugationsformen von **быть** gebildet, die einfache Form wird durch Anfügen von Präsensendungen an den Stamm von perfektiven Verben gebildet. Ein Bedeutungsunterschied besteht lediglich im Hinblick auf die Aspekte (▶ Kap. 9 Gebrauch der Aspekte im Futur).

Zusammengesetztes Futur Imperfektiver Aspekt			**Deutsch**	**Einfaches Futur Perfektiver Aspekt**	
я	бу́ду	игра́ть	*ich werde spielen*	я	сыгра́ю
ты	бу́дешь	игра́ть	*du wirst spielen*	ты	сыгра́ешь
она́, он, оно́	бу́дет	игра́ть	*sie wird spielen*	она́	сыгра́ет
мы	бу́дем	игра́ть	*wir werden spielen*	мы	сыгра́ем
вы	бу́дете	игра́ть	*ihr werdet spielen*	вы	сыгра́ете
они́	бу́дут	игра́ть	*sie werden spielen*	они́	сыгра́ют

Präteritum

Lautet der Infinitivstamm von perfektiven oder imperfektiven Verben auf einen Vokal aus, so wird die Infinitivendung **-ть** durch **-ла, -л, -ло, -ли** ersetzt:

Präteritum				
Infinitiv	**f:** я, ты, она́	**m:** я, ты, он	**nt:** оно́	**pl:** мы, вы, они́
спать *schlafen*	спала́	спал	спало́	спа́ли
гуля́ть *spazieren*	гуля́ла	гуля́л	гуля́ло	гуля́ли
бить *schlagen*	би́ла	бил	би́ло	би́ли

Die meisten Verben mit konsonantischem Stammauslaut bilden ein unregelmä-ßiges Präteritum wie z. B.:

Unregelmäßige Präteritumformen				
Infinitiv	**f:** я, ты, она́	**m:** я, ты, он	**nt:** оно́	**pl:** мы, вы, они́
вести́ *führen*	вела́	вёл	вело́	вели́
везти́ *transportieren*	везла́	вёз	везло́	везли́
нести́ *tragen*	несла́	нёс	несло́	несли́
мочь *können*	могла́	мог	могло́	могли́
класть *legen*	клала́	клал	клало́	кла́ли
расти́ *wachsen*	росла́	рос	росло́	росли́
идти́ *gehen*	шла	шёл	шло	шли

Das russische Präteritum entspricht allen drei Zeitstufen der Vergangenheit im Deutschen:

Они́ бесе́довали три часа́.   *Sie unterhielten sich drei Stunden.*
Sie haben sich drei Stunden unterhalten.
Sie hatten sich drei Stunden unterhalten.

Konjunktiv

Der Konjunktiv wird mit der Form des Präteritums und der Partikel **бы** gebildet, die sowohl vor als auch nach dem Verb stehen kann:

Konjunktiv				
Infinitiv	**f:** я, ты, она́	**m:** я, ты, он	**nt:** оно́	**pl:** мы, вы, они́
спать *schlafen*	спа́ла бы	спал бы	спа́ло бы	спа́ли бы
гуля́ть *spazieren*	гуля́ла бы	гуля́л бы	гуля́ло бы	гуля́ли бы
бить *schlagen*	би́ла бы	бил бы	би́ло бы	би́ли бы

In unpersönlichen Sätzen steht **бы** mit dem Infinitiv:

Хорошо́ бы съе́здить в го́ры. *Es wäre schön, in die Berge zu fahren.*

Sämtliche deutschen Zeitstufen des Konjunktiv werden im Russischen durch eine Form wiedergegeben:

Éсли бы мы зна́ли доро́гу, мы *Wenn wir den Weg kennen würden,*
не заблуди́лись бы. *würden wir uns nicht verirren.*
 oder:
 Wenn wir den Weg gekannt hätten,
 hätten wir uns nicht verirrt.

Imperativ

Der Imperativ wird gebildet, indem die Präsensendung der 3. Person Plural bei imperfektiven Verben und der 3. Person Plural des einfachen Futurs bei perfektiven Verben durch die Imperativendung ersetzt wird. Die Verwendung der Aspekte wird beschrieben in ► Kap. 9 Gebrauch der Aspekte im Imperativ.

Imperativ auf -й, -йте (-йся, -йтесь)

Die Endungen **-й, -йте** (bei reflexiven Verben **-йся, -йтесь**) stehen, wenn der Präsens-, bzw. Futurstamm auf einen Vokal auslautet:

Imperativ auf -й, -йте (-йся, -йтесь)				
3. Person Plural		**Imperativ Singular Imperativ Plural**		**Imperativ Singular Imperativ Plural**
imperfektiv	**perfektiv**	**imperfektiv**	**perfektiv**	**Deutsch**
пою́т	спою́т	Пой! Пойте!	Спой! Спойте!	*Sing! Singt! Singen Sie!*
встаю́т	► Кар. 9	Встава́й! Встава́йте!	► Кар. 9	*Steh auf! Steht auf! Stehen Sie auf!*
открыва́ют	откро́ют	Открыва́й! Открыва́йте!	Откро́й! Откро́йте!	*Öffne! Öffnet! Öffnen Sie! Rasier dich!*
бре́ются		Бре́йся! Бре́йтесь!	Побре́йся! Побре́йтесь!	*Rasiert euch! Rasieren Sie sich!*

Imperativ auf -и́, -и́те (-и́сь, -и́тесь)

Die Endungen **-и́, -и́те** (bei reflexiven Verben **-и сь, -и́тесь**) stehen, wenn der Präsens- bzw. Futurstamm auf einen Konsonanten auslautet und die 1. Person Singular des Präsens, bzw. des einfachen Futurs endbetont ist:

Imperativ auf -и́, -и́те (-и́сь, -и́тесь)				
1. Person Singular 3. Person Plural		**Imperativ Singular Imperativ Plural**		**Imperativ Singular Imperativ Plural**
imperfektiv	**perfektiv**	**imperfektiv**	**perfektiv**	**Deutsch**
пишу́ пи́шут	напишу́ напи́шут	Пиши́! Пиши́те!	Напиши́! Напиши́те!	*Schreib! Schreibt! Schreiben Sie!*
сплю спят	посплю́ поспя́т	Спи! Спи́те!	Поспи́! Поспи́те!	*Schlaf! Schlaft! Schlafen Sie!*
сажу́сь садя́тся	▸ Kap. 9	Сади́сь! Сади́тесь!	▸ Kap. 9	*Setz dich! Setzen Sie sich! Setzt euch!*

Imperativ auf -ь, -ьте (-ься, -ьтесь)

Die Endungen **-ь, -ьте** (bei reflexiven Verben **-ься, -ьтесь**) stehen, wenn der Präsens- bzw. Futurstamm auf einen Konsonanten auslautet und die 1. Person Singular des Präsens bzw. des einfachen Futurs stammbetont ist:

Imperativ auf -ь, -ьте (-ься, -ьтесь)				
1. Person Singular 3. Person Plural		**Imperativ Singular Imperativ Plural**		**Imperativ Singular Imperativ Plural**
imperfektiv	**perfektiv**	**imperfektiv**	**perfektiv**	**Deutsch**
▸ Kap. 9	вста́ну вста́нут	▸ Kap. 9	Встань! Вста́ньте!	*Steh auf! Steht auf! Stehen Sie auf!*
▸ Kap. 9	ся́ду ся́дут	▸ Kap. 9	Сядь! Ся́дьте!	*Setz dich! Setzen Sie sich! Setzt euch!*
сы́плю сы́плют		Сыпь! Сы́пьте!		*Streu! Streuen Sie! Streut!*

Passiv

Neben Passivkonstruktionen, die durch ein Partizip Passiv wiedergegeben wer-
den, gibt es im Russischen die Möglichkeit, eine deutsche Passivkonstruktion
durch Reflexivverben oder durch unbestimmt-persönliche Sätze (▶ Kap. 14)
wiederzugeben, in denen transitive Verben in der 3. Person Plural ohne Sub-
jekt verwendet werden:

Утром и ве́чером ко́рмят скот.	*Morgens und abends wird das Vieh gefüttert.*
В на́шем до́ме регуля́рно мо́ют ле́стницу.	*In unserem Haus wird regelmäßig die Treppe geputzt.*

Reflexivverben

Reflexivverben werden durch Anfügen der Partikel **-ся** an den Infinitiv gebil-
det:

причеса́ть	*kämmen*	**причеса́ться**	*sich kämmen*
брить	*rasieren*	**бри́ться**	*sich rasieren*
кра́сить	*anstreichen, färben*	**кра́ситься**	*sich schminken*

Nach Vokalen wird **-ся** zu **-сь**:

я	**причёсываюсь**	*ich kämme mich*
ты	**причёсываешься**	*du kämmst dich*
она	**причёсывается**	*sie kämmt sich*
мы	**причёсываемся**	*wir kämmen uns*
вы	**причёсываетесь**	*ihr kämmt euch*
они	**причёсываются**	*sie kämmen sich*

Die Reflexivpartikel **-ся** hat noch andere wichtige Funktionen:

Die Partikel **-ся** kann Gegenseitigkeit ausdrücken:

Мы давно́ не ви́дились.	*Wir haben uns lange nicht gesehen.*
Дава́й за́втра встре́тимся.	*Komm, wir treffen uns morgen.*

Durch **-ся** kann eine deutsche Passivkonstruktion wiedergegeben werden:

В на́шем регио́не выра́щи- вается виногра́д.	*In unserer Gegend wird Wein angebaut.*
Ремо́нт заверши́лся в ноябре́.	*Die Renovierung wurde im November abgeschlossen.*

Die Reflexivpartikel **-ся** drückt in unpersönlichen Sätzen einen Umstand aus,
der sich dem Willen des Subjekts entzieht.

Мне не спи́тся.	*Ich kann nicht schlafen.*
Он тако́й не́рвный, что ему́ не сиди́тся.	*Er ist so nervös, dass er nicht stillsitzen kann.*
Нам хоте́лось бы съе́здить в Португа́лию.	*Wir würden gerne nach Portugal fahren.*

Eine ganze Reihe russischer Verben sind reflexiv, ihre deutsche
Entsprechung ist dagegen nicht reflexiv, und umgekehrt, wie z. B.:

reflexiv	nicht reflexiv	nicht reflexiv	reflexiv
нра́виться	*gefallen*	отдыха́ть	*sich erholen*
купа́ться	*baden*	разгова́ривать	*sich unterhalten*

Partizipien

Partizip Präsens Aktiv

Das Partizip Präsens Aktiv wird im Russischen von der 3. Person Plural der
imperfektiven Verben abgeleitet. Der Auslaut auf **-т** wird durch **-щ-** + Adjektiv-
endung ersetzt:

Infinitiv	3. Pers. Pl.	Partizip Präsens Aktiv	Deutsch
лета́ть	лета́ют	лета́ющая таре́лка лета́ющий а́ист лета́ющее о́блако лета́ющие вертолёты	*eine fliegende Untertasse* *ein fliegender Storch* *eine fliegende Wolke* *fliegende Hubschrauber*

Das Partizip Präsens Aktiv wird dekliniert wie ein Adjektiv, das auf
Zischlaut endet (▶ Kap. 5).

Das Partizip wird als Attribut ausschließlich in der Schriftsprache verwendet:

Прожива́ющие на на́шей
у́лице лю́ди получи́ли письмо́
из городско́го управле́ния.
Преподава́тели, испо́льзующие
э́ту грамма́тику, мо́гут спать
споко́йно.

*Die Anwohner unserer Straße
haben einen Brief von der
Stadtverwaltung bekommen.
Dozenten, die diese Grammatik
verwenden, können ruhig
schlafen.*

Partizip Präteritum Aktiv

Das Partizip Präteritum Aktiv wird von der maskulinen Form perfektiver und imperfektiver Verben abgeleitet. Der Auslaut **-л** wird durch **-вш-** + Adjektivendung ersetzt:

Infinitiv	Präteritum maskulin	Partizip Präteritum Aktiv	Deutsch
поки́нуть	поки́нул	поки́нувшая ро́дину актри́са	*die Schauspielerin, die ihre Heimat verließ (verlassen hat, hatte)*
		поки́нувший ро́дину писа́тель	*der Schriftsteller, der seine Heimat verließ (verlassen hat, hatte)*
		поки́нувшие ро́дину лю́ди	*Menschen, die ihre Heimat verließen (verlassen haben, hatten)*

Unregelmäßige Bildungen:

идти́	▶	ше́дший
нести́	▶	нёсший
расти́	▶	ро́сший

Die unregelmäßige Bildung betrifft ebenso die von **идти́, нести́** u. a. abgeleiteten Verben wie z. B. **прийти́ – прише́дший, перенести́ – перенёсший**, usw.

Das Partizip Präteritum Aktiv wird wie ein auf Zischlaut auslautendes Adjektiv dekliniert (▶ Kap. 5). Es wird als Attribut verwendet:

Прие́хавшие из Пи́тера друзья́ остава́лись у нас три неде́ли.

Unsere Freunde, die aus St. Petersburg gekommen waren, blieben drei Wochen bei uns.

Тури́сты, посети́вшие рестора́н, бы́ли в у́жасе.

Die Touristen, die das Restaurant besucht hatten, waren entsetzt.

Partizip Präsens Passiv

Das Partizip Präsens Passiv wird von der 1. Person Plural imperfektiver transitiver Verben gebildet. An die Personalendung der 1. Person Plural werden Adjektivendungen angefügt:

Infinitiv	1. Pers. Pl.	Partizip Präsens Passiv	Deutsch
критикова́ть		критику́емая статья́	*der Artikel, der kritisiert wird*
		критику́емый посту́пок	*die Tat, die kritisiert wird*
		критику́емое де́йствие	*die Handlung, die kritisiert wird*
		критику́емые поли́тики	*Politiker, die kritisiert werden*

Das Partizip Präsens wird wie ein Adjektiv dekliniert und bildet Lang- und Kurzformen. Die Langformen werden attributiv verwendet und gehören der Schriftsprache an. Die Verwendung der prädikativ verwendeten Kurzformen ist äußerst selten.

Partizip Präteritum Passiv

Das Partizip Präteritum Passiv wird in seiner Kurz- und Langform häufig verwendet, und zwar sowohl in der Schrift- als auch in der Umgangssprache. Es wird in der Regel von perfektiven transitiven Verben gebildet. Man unterscheidet drei Bildungsarten:

auf **-нный, -нная, -нное, -нные**, die die Infinitivendung **-ть** aller Verben auf **-овать** und einer großen Reihe von Verben auf **-ать**, **-ять**, **-еть** ersetzen:

Infinitiv	Partizip Präteritum Passiv Langform	Partizip Präteritum Passiv Kurzform
разрабо́тать *ausarbeiten*	разрабо́танный,-ая,-ое,-ые	разрабо́тан, -а, -о, -ы
прода́ть *verkaufen*	про́данный, -ая, -ое, -ые	про́дан, -а, -о, -ы
оправда́ть *rechtfertigen*	опра́вданный, -ая,-ое,-ые	опра́вдан, -а, -о, -ы

auf **-тый, -тая, -тое, -тые**, die die Infinitivendung **-ть** einiger Verben auf **-ать**, **-ять**, **-еть**, der einsilbigen Verben auf **-ить** und aller Verben auf **-уть**, **-ыть, -оть, -ереть** ersetzen:

Infinitiv	Partizip Präteritum Passiv Langform	Partizip Präteritum Passiv Kurzform
нача́ть *beginnen*	на́чатый, -ая, -ое, -ые	на́чат, -а, -о, -ы
оде́ть *anziehen*	оде́тый, -ая, -ое, -ые	оде́т, -а, -о, -ы
заня́ть *besetzen*	за́нятый, -ая, -ое, -ые	за́нят, -а, -о, -ы

auf **-енный / -ённый, -енная / -ённая, -енное / -ённое, -енные / -ённые**, die an den Präsensstamm der Verben der i-Konjugation sowie der Verben auf **-зти, -сти, -зть, -сть, -чь** angefügt werden:

Infinitiv	Partizip Präteritum Passiv Langform	Partizip Präteritum Passiv Kurzform
занести́ *eintragen*	занесённый, -ая, -ое, -ые	занесён, -а, -о, -ы
реши́ть *entscheiden*	решённый, -ая, -ое, -ые	решён, -а, -о, -ы
получи́ть *erhalten*	полу́ченный, -ая, -ое, -ые	полу́чен, -а, -о, -ы

Die Langformen des Partizip Präteritum Passiv werden wie Adjektive dekliniert, die Kurzform wird prädikativ verwendet und ist nicht deklinierbar. Der Urheber der Handlung wird durch den Instrumental bezeichnet.

Kurzform

Ещё ничего́ не решено́. *Es ist noch nichts entschieden.*
Пригово́р бу́дет вы́несен *Das Urteil ergeht erst morgen.*
то́лько за́втра.

Langform

Реше́ния, при́нятые судо́м, *Die vom Gericht getroffenen Ent-*
публику́ются. *scheidungen werden veröffentlicht.*
Про́тив реше́ний, при́нятых *Gegen Entscheidungen, die in*
в после́дней инста́нции, *letzter Instanz getroffen werden,*
ничего́ не поде́лаешь. *kann man nichts unternehmen.*

Adverbialpartizipien

Im Russischen existieren zwei Adverbialpartizipien: der Gleichzeitigkeit und der Vorzeitigkeit. Sie sind unveränderlich und beziehen sich jeweils auf das Subjekt der Haupthandlung, die sich zu einer beliebigen Zeit ereignen kann.

Adverbialpartizip der Gleichzeitigkeit

Es wird von der 3. Person Plural imperfektiver Verben abgeleitet. Die Personalendung wird durch **-я**, nach Zischlauten durch **-а** ersetzt:

Infinitiv	3. Person Plural	Adverbialpartizip der Gleichzeitigkeit	Deutsch
рабо́тать	рабо́тают	рабо́тая	*arbeitend*
лежа́ть	лежа́т	лёжа	*liegend*

Durch das Adverbialpartizip der Gleichzeitigkeit wird eine gleichzeitig zur Haupthandlung verlaufende Handlung ausgedrückt:

Нельзя́ чита́ть лёжа.	*Man soll nicht im Liegen lesen.*
По́сле премье́ры зри́тели аплоди́ровали сто́я.	*Nach der Premiere applaudierte das Publikum stehend.*

Adverbialpartizip der Vorzeitigkeit

Es wird vom Präteritum perfektiver Verben abgeleitet.
Lautet der Stammauslaut im Präteritum auf einen Vokal, so wird
-в angefügt:

Infinitiv	Präteritum	Adverbialpartizip der Vorzeitigkeit	Deutsch
разрабо́тать		разрабо́тав	*nach der Ausarbeitung*

Lautet der Stammauslaut im Präteritum auf einen Konsonanten, so erfolgt die Ableitung im modernen Russisch vom Stamm des einfachen Futurs, indem die Suffixe **-а / -я** an den Stamm angehängt werden:

Infinitiv	Präteritum	einfaches Futur	Adverbialpartizip der Vorzeitigkeit	Deutsch
перенести́	перенёс		перенеся́	*nach der Verlegung*

Das Adverbialpartizip der Vorzeitigkeit drückt eine Handlung aus, die sich vor der Handlung des Hauptsatzes ereignet hat:

Разрабо́тав план, архите́кторы начина́ют догова́риваться со строи́тельной компа́нией.	*Nach Ausarbeitung des Plans setzen sich die Architekten mit der Baufirma in Verbindung.*
Перенеся́ заседа́ние на понеде́льник, депута́ты уе́хали домо́й.	*Nachdem die Abgeordneten die Sitzung auf Montag verlegt hatten, fuhren sie nach Hause.*

Rektion nach Präpositionen

Ähnlich wie im Deutschen gibt es im Russischen Präpositionen, die einen oder auch mehrere Kasus regieren.

Präpositionen mit Genitiv

без / бе́зо	*ohne*	и́з-под	*unter … hervor*
близ	*in der Nähe*	кро́ме	*außer*
ввиду́	*angesichts*	ми́мо	*an … vorbei*
вдоль	*entlang, längs*	насчёт	*hinsichtlich*
в ка́честве	*als*	о́коло	*neben; circa*
вме́сто	*anstatt, anstelle*	от	*von*
вне	*außerhalb*	относи́тельно	*hinsichtlich*
внутри́	*innerhalb*	пове́рх	*über*
во вре́мя	*während*	по́дле	*neben*
во́зле	*neben*	позади́	*hinter*
вокру́г	*um … herum*	поми́мо	*neben* (zeitlich)
в отли́чие от	*im Unterschied zu*	по́сле	*nach* (zeitlich)
впереди́	*vor*	посреди́	*mitten in*
в результа́те	*infolge*	про́тив	*gegen*
вследствие	*infolge*	ра́ди	*um … willen*
в тече́ние	*innerhalb, während*	сверх	*über (mehr als)*
для	*für*	свы́ше	*über (mehr als)*
до	*bis* (räumlich); *bis, vor* (zeitlich)	среди́	*mitten in, unter*
из / и́зо	*aus, von*	с по́мощью	*mittels, mit*
из-за	*hinter … hervor, wegen*	у	*bei*

Präpositionen mit Dativ

благодаря́	*dank*	к / ко	*zu*
вопреки́	*entgegen* (einer Behauptung)	напереко́р	*zum Trotz*
вслед	*hinter … her*	согла́сно	*gemäß, laut*

Präpositionen mit Akkusativ

несмотря́ на	*trotz*	спустя́	*nach* (nach Ablauf von)
про	*über, von* (etwas erzählen)	че́рез	*durch, über* (räumlich); *nach, in* (zeitlich)
сквозь	*durch, hindurch*		

Präpositionen mit Instrumental

над / на́до	über	пе́ред / пе́редо	vor
ме́жду	zwischen	по сравне́нию с / со	im Vergleich zu

Präpositionen mit Präpositiv

при	bei

Präpositionen mit Akkusativ oder Instrumental

за	Akkusativ	
hinter (wohin?)	зайти́ за гара́ж	hinter die Garage gehen
an (wohin?)	сесть за стол	sich an den Tisch setzen
	взять ребёнка за́ руку	das Kind an die Hand nehmen
für	купи́ть за де́сять рубле́й	etwas für zehn Rubel kaufen
	боро́ться за запреще́ние мин	für das Verbot von Landminen kämpfen
in, während	сде́лать что́-либо за не́сколько часо́в	etwas in einigen Stunden machen

за	Instrumental	
hinter (wo?)	стоя́ть за гаражо́м	hinter der Garage stehen
an (wo?)	сиде́ть за столо́м	am Tisch sitzen
außerhalb (wo?)	быть за́ городом	auf dem Lande sein (außerhalb der Stadt)
Zweckangabe	пойти́ за хле́бом / сле́сарем	Brot / den Schlosser holen

под / по́до	Akkusativ	
unter (wohin?)	поста́вить что́-либо под крова́ть	etwas unters Bett stellen
gegen (zeitlich)	прийти́ из дискоте́ки под утро́	gegen Morgen aus der Diskothek kommen

под / по́до	Instrumental	
unter (wo?)	лежа́ть под одея́лом	unter einer Decke liegen
bei (in der Nähe von)	жить под Владивосто́ком	bei Wladiwostok wohnen

Präpositionen mit Akkusativ oder Präpositiv

в / во	Akkusativ	
in (wohin?)	**пойти́ в магази́н**	*ins Geschäft gehen*
nach (wohin?)	**пое́хать в Пари́ж**	*nach Paris fahren*
um, an (zeitlich)	**в два часа́ в пя́тницу**	*am Freitag um zwei Uhr*

в / во	Präpositiv	
in (wo?)	**купи́ть что́-либо в магази́не**	*etwas im Geschäft kaufen*
in (zeitlich)	**в двухты́сячном году́**	*im Jahr 2000*

на	Akkusativ	
in, auf (wohin?)	**идти́ на конце́рт**	*ins Konzert gehen*
an (zeitlich)	**на второ́й день**	*am zweiten Tag*
für (zeitlich)	**на три го́да**	*für drei Jahre*

на	Präpositiv	
in, auf (wo?)	**рабо́тать на фа́брике**	*in der Fabrik arbeiten*
für (zeitlich)	**на сле́дующей неде́ле**	*in der nächsten Woche*

о / об / о́бо	Akkusativ	
an, gegen (räumlich)	**уда́риться голово́й о дверь**	*sich den Kopf an der Tür stoßen*

о / об / о́бо	Präpositiv	
über, von	**разгова́ривать о чём-либо**	*über / von etwas sprechen*

Präpositionen mit drei verschiedenen Kasus

по	Dativ	
(räumlich)	**идти́ по у́лице**	*die Straße entlang gehen*
	ходи́ть по магази́нам	*Geschäfte aufsuchen*
	е́хать по мосту́	*über die Brücke fahren*
	по фа́ксу, по по́чте, по телефо́ну, по электро́нной по́чте, по телеви́зору, по ра́дио	*per Fax, per Post, per Telefon, per E-mail, im Fernsehen, im Radio*
(zeitlich)	**по утра́м, по сре́дам**	*morgens, mittwochs*
laut	**по зако́ну**	*laut Gesetz*
bezüglich	**спра́вочник по эконо́мике**	*Wirtschaftslexikon*
wegen	**по боле́зни**	*wegen Krankheit*

по	Akkusativ	
bis (räumlich)	**по пя́тую страни́цу**	*bis Seite fünf*
bis (zeitlich)	**с пе́рвого по тре́тье сентября́**	*vom 1. bis zum 3. September*

по	Präpositiv		
nach (zeitlich)	**по истече́нии сро́ка**	*nach Ablauf der Frist*	

с / со	Genitiv	
von (räumlich)	**прийти́ с рабо́ты, с вокза́ла**	*von der Arbeit, vom Bahnhof kommen*
aus (räumlich)	**взять что́-либо с по́лки**	*etwas aus dem Regal nehmen*
von (zeitlich)	**со среды́ по суббо́ту**	*von Mittwoch bis Samstag*
	с пе́рвого до тре́тьего сентября́	*vom 1. bis zum 3. September*

с / со	Akkusativ	
so ... wie, etwa	**быть ро́стом с кого́-либо**	*so groß wie jemand sein*

с / со	Instrumental	
mit	**обе́дать с ке́м-либо**	*mit jemandem zu Mittag essen*

Präpositionen mit angehängtem -o

Die auf einen Konsonanten auslautenden Präpositionen **без, в, из, к, над, от, пе́ред, под, с** können mit angehängtem **-o** auftreten, wenn das nachfolgende Substantiv oder Pronomen im Anlaut zwei aufeinanderfolgende Konsonanten aufweist, unter anderem in folgenden Kombinationen:

во	steht vor	**в/ф:**	**во вто́рник, во Фра́нкфурте**
со	steht vor	**з/с:**	**со значко́м, со спо́нсором**
во, ко, на́до, пе́редо, по́до, со	stehen vor	**мн:**	**со мной, во мно́гих слу́чаях**
бе́зо	nur vor	**всех, вся́ких**	

Man muss allerdings beachten, dass sich viele Wortkombinationen, die aus Präposition und Substantiv bestehen, traditionell herausgebildet haben und keinen Regeln unterliegen:

во двор, со двора́	*in den Hof, aus dem Hof*
Aber: **в дверь, с две́рью**	*in die Tür, mit der Tür*

Die Präpositionen o / об / обо

Die Präposition **o** hat vor allen Vokalen die Form **об**:

об исто́рии, об учёбе	*über die Geschichte, über das Lernen*

Vor einigen Wörtern hat sie die Form **о́бо**:

обо всём, обо мне, обо что	*über alles, über mich, an etwas*

11 Союзы – Konjunktionen

Wie im Deutschen verbinden Konjunktionen im Russischen entweder Satzglieder innerhalb eines Satzes:

Са́ша и Ма́ша е́дут в о́тпуск.   *Sascha und Mascha fahren in Urlaub.*

oder Sätze miteinander:

Биле́ты ку́плены, и чемода́ны   *Die Tickets sind gekauft und die Koffer*
со́браны.   *gepackt.*

⇨ ⇦ Im Russischen haben Konjunktionen im Unterschied zum Deutschen keinen Einfluss auf die Wortstellung im Nebensatz.
Nachfolgend finden Sie eine Übersicht über die wichtigsten russischen Konjunktionen.

и	*und* (siehe obige Beispiele)
а **У Са́ши оди́н чемода́н, а у Ма́ши два.**	*und* (weist auf einen Gegensatz hin) *Sascha hat einen Koffer und Mascha zwei.*
а **Они́ е́дут не в Крым, а на Кипр.**	*sondern* *Sie fahren nicht auf die Krim, sondern nach Zypern.*
но **Самолёт улета́ет в де́сять часо́в,** **но регистра́ция пассажи́ров** **начина́ется уже́ в во́семь.**	*aber, jedoch* *Das Flugzeug fliegt um zehn Uhr ab, der Check-in beginnt jedoch bereits um acht.*
и́ли **На вокза́л они́ пое́дут на такси́** **или на авто́бусе.**	*oder* *Zum Bahnhof fahren sie entweder mit dem Taxi oder mit dem Bus.*
и́ли …, и́ли **Самолёты на Кипр улета́ют и́ли** **у́тром, и́ли ве́чером.**	*entweder … oder* *Die Flugzeuge nach Zypern fliegen entweder morgens oder abends.*
ни …, ни **Са́ша не берёт с собо́й ни ко́шки,** **ни попуга́я.**	*weder … noch* *Sascha nimmt weder die Katze noch den Papagei mit.*
не то́лько …, но и **Они́ заброни́ровали не то́лько** **рейс, но и гости́ницу.**	*nicht nur …, sondern auch* *Sie haben nicht nur den Flug, sondern auch das Hotel gebucht.*
потому́ что **Ко́шка оби́делась, потому́ что не** **лю́бит остава́ться одна́ до́ма.**	*weil* *Die Katze ist beleidigt, weil sie nicht gerne alleine zu Hause bleibt.*

так как
Попуга́й оби́делся ещё бо́льше, та́к как он постоя́нно нужда́ется в о́бществе.

weil
Der Papagei ist noch mehr beleidigt, weil er ständig Gesellschaft braucht.

что́бы
Что́бы ко́шка и попуга́й не скуча́ли, Са́ша и Ма́ша попроси́ли тётю Мару́сю позабо́титься о них.

damit
Damit es der Katze und dem Papagei nicht langweilig wird, haben Sascha und Mascha Tante Marusja gebeten, sich um sie zu kümmern.

что
Тётя Мару́ся обеща́ла, что она́ ещё бу́дет полива́ть цветы́.

dass
Tante Marusja hat versprochen, dass sie auch die Blumen gießt.

для того́ что́бы
Для того́ что́бы купа́ться в Средизе́мном мо́ре, на́ши знако́мые взя́ли с собо́й купа́льники и полоте́нца.

um ... zu
Um im Mittelmeer zu baden, haben unsere Bekannten Badesachen und Handtücher mitgenommen.

е́сли
Е́сли у них ко́нчатся нали́чные де́ньги, они́ смо́гут испо́льзовать креди́тную ка́рточку.

wenn
Wenn ihnen das Bargeld ausgeht, können sie von ihrer Kreditkarte Gebrauch machen.

когда́
Когда́ они́ прие́хали в аэропо́рт, самолёт уже́ был гото́в к отлёту.

als
Als sie am Flughafen ankamen, stand das Flugzeug schon zum Abflug bereit.

хотя́
Хотя́ во вре́мя полёта случи́лась гроза́, пассажи́ры самолёта ИЛ-86 чу́вствовали себя́ в безопа́сности.

obwohl
Obwohl es während des Flugs ein Gewitter gab, fühlten sich die Passagiere der Iljuschin 86 in Sicherheit.

до того́ как
До того́ как самолёт приземли́лся, Ма́ша прочита́ла не́сколько газе́т.

bevor, bis
Bevor das Flugzeug landete, hatte Mascha einige Zeitungen durchgelesen.

по́сле того́ как
По́сле того́ как самолёт приземли́лся, стюарде́сса попроси́ла пассажи́ров остава́ться на свои́х места́х.

nachdem
Nachdem das Flugzeug gelandet war, bat die Stewardess die Passagiere, auf ihren Plätzen zu bleiben.

пре́жде чем
Пре́жде чем забра́ть свои́ чемода́ны, они́ прошли́ па́спортный контро́ль.

bevor
Bevor sie ihre Koffer abholten, gingen sie durch die Passkontrolle.

в то вре́мя как
В то вре́мя как они́ загора́ют на пля́же, тётя Мару́ся уха́живает за ко́шкой, попуга́ем и цвета́ми.

während
Während sie am Strand in der Sonne liegen, kümmert sich Tante Marusja um die Katze, den Papagei und die Blumen.

Частицы –
Partikeln

Die russischen Partikeln verleihen wie im Deutschen Wörtern oder ganzen Sätzen Bedeutungsschattierungen.

Fragepartikeln: ли, ра́зве, неуже́ли

Поко́рмит ли тётя Мару́ся ко́шку?	*Wird Tante Marusja die Katze füttern?*
Ра́зве тётя Мару́ся ко́шку не корми́ла?	*Hat Tante Marusja die Katze etwa nicht gefüttert?*
Неуже́ли тётя Мару́ся ко́шку не корми́ла?	*Hat etwa Tante Marusja die Katze tatsächlich nicht gefüttert?*

Ausrufepartikeln: как, что за

Как она́ могла́ её забы́ть!	*Wie konnte sie sie nur vergessen!*
Что за безотве́тственность!	*So eine Verantwortungslosigkeit!*

Bekräftigende Partikeln: ведь, же, и, да́же

Ведь мы её об э́том попроси́ли.	*Wir hatten sie doch darum gebeten.*
Она́ же не сказа́ла, что сама́ уезжа́ет.	*Sie hat uns ja nicht gesagt, dass sie selbst verreist.*
Мы и де́ньги ей заплати́ли за э́то!	*Wir haben ihr sogar Geld dafür bezahlt!*
Мы ей да́же де́ньги заплати́ли за э́то!	*Wir haben ihr sogar Geld dafür bezahlt!*

Einschränkende Partikeln: то́лько, лишь

Она́ вернётся то́лько че́рез три неде́ли.	*Sie kommt erst in drei Wochen zurück.*
Она́ вернётся лишь че́рез три неде́ли.	*Sie kommt erst in drei Wochen zurück.*

Междометия –
Interjektionen

Interjektionen geben Gefühle und Willensäußerungen wieder, ohne diese zu benennen:

На, держи́ су́мку!	*Da, halt mal meine Tasche!*
Фу, как здесь воня́ет!	*Pfui, das stinkt hier!*
Тс, да́йте смотре́ть фильм.	*Pst, ich will den Film sehen!*
Увы́, он не пришёл.	*Leider ist er nicht gekommen.*

14 **Синтаксис –**
Syntax

In diesem Kapitel finden Sie eine Übersicht über die wichtigsten syntaktischen Erscheinungen, die sich von der deutschen Syntax wesentlich unterscheiden.

Wortstellung

Im Russischen ist die Wortstellung weitgehend frei. Das bedeutet, dass die einzelnen Satzglieder, zumindest theoretisch, an jeder beliebigen Stelle im Satz stehen können. Allerdings muss man beachten, dass die Bedeutung des Satzes u. a. von der Wortstellung abhängt und deswegen jede Veränderung der Wortstellung inhaltliche Verschiebungen mit sich bringt.

Wortstellung im Aussagesatz

In einem neutralen Aussagesatz sieht die Wortstellung folgendermaßen aus:

1. Subjekt + (2. Adverbialbestimmung) + 3. Prädikat (+ 4. Objekt im Dativ + 5. Objekt im Akkusativ):

1.	2.	3.	4.	5.	
Ве́тер	**си́льно**	**ду́ет.**			*Der Wind weht stark.*
Са́ша	**бы́стро**	**достаёт**	**Ма́ше**	**плащ.**	*Sascha reicht Mascha schnell den Regenmantel.*

Eine andere Reihenfolge der Satzglieder ist grundsätzlich möglich, allerdings kommt es dadurch zu einer Bedeutungsverschiebung. Satzglieder, die im Deutschen durch Anheben der Stimme betont werden (in den Beispielen unterstrichen), stehen dabei im Russischen am Satzende:

Са́ша даёт плащ Ма́ше.	*Sascha gibt Mascha den Regenmantel.*
Плащ Ма́ше даёт Са́ша.	*Sascha gibt Mascha den Regenmantel.*

Wortstellung im Fragesatz

Wortstellung im Fragesatz mit Fragewort

Fragesätze mit Fragewörtern haben in der Regel folgende Wortfolge:

Mit einem Substantiv als Subjekt:

1. Fragewort + 2. Prädikat + 3. Subjekt (Substantiv):

1.	2.	3.	
Что	изуча́ет	твоя́ сестра́?	*Was studiert deine Schwester?*

Mit einem Personalpronomen als Subjekt:

1. Fragewort + 2. Subjekt (Personalpronomen) + 3. Prädikat:

1.	2.	3.	
Что	она́	изуча́ет ?	*Was studiert sie?*

Wortstellung im Fragesatz ohne Fragewort

Die Wortstellung eines Fragesatzes ohne Fragewort unterscheidet sich im Russischen nicht von der eines Aussagesatzes. Der Satzteil, der erfragt wird, wird durch Anheben der Stimme betont (in den Beispielen unterstrichen). Ein weiterer wichtiger Unterschied zum deutschen Fragesatz besteht darin, dass sich die Stimme am Satzende nicht nach oben bewegt, sondern wie in einem Aussagesatz nach unten:

Ты купи́л хлеб?	*Hast du das Brot gekauft?*

Sätze ohne grammatisches Subjekt

Sätze ohne grammatisches Subjekt sind im Russischen eine weitverbreitete Erscheinung. In Abhängigkeit von der Konjugationsform des Verbs geben sie unterschiedliche Bedeutungen wieder.

Unbestimmt-persönliche Sätze

Im Russischen besteht die Möglichkeit, deutsche Passivkonstruktionen bzw. Sätze mit *man* als Subjekt durch unbestimmt-persönliche Sätze zum Ausdruck zu bringen. Die Verben stehen in der 3. Person Plural, das grammatische Subjekt in Form eines Substantivs oder eines Personalpronomens fehlt:

Меня́ зову́т 3. pers pl **Влади́мир Петро́в.**	*Mein Name ist Wladimir Petrow.*
В Москве́ мно́го стро́или 3. pers pl.	*In Moskau wurde viel gebaut.*

Allgemein-persönliche Sätze

In bestimmten Fällen kann in deutschen Konstruktionen das Subjekt *man* durch ein allgemein-persönliches *du* ersetzt werden. Solche Sätze können im Russischen in der Regel durch Konstruktionen mit perfektiven Verben in der 2. Person Singular wiedergegeben werden. Dabei entfällt im Russischen das grammatische Subjekt.

Ему́ ниче́м не помо́жешь 2. pers sg!	*Ihm kann man nicht helfen!*
	Ihm kannst du nicht helfen!
К ней никогда́ не дозвони́шься 2. pers sg!	*Telefonisch kann man sie nie erreichen!*
	Telefonisch kannst du sie nie erreichen!

Unpersönliche Sätze

Struktur und Bedeutung von unpersönlichen Sätzen

Unpersönliche Sätze sind Sätze ohne eine handelnde Person als reales Subjekt. Das Prädikat steht in unpersönlichen Sätzen in der 3. Person Neutrum Singular, ein grammatisches Subjekt fehlt:

Нам dat **о́чень повезло́.** 3. pers nt sg.	*Wir haben großes Glück gehabt.*
Мне dat **хо́лодно** 3. pers nt sg.	*Mir ist kalt.*
Ей dat **стано́вится лу́чше.** 3. pers sg	*Sie fühlt sich schon besser.*
На сле́дующей неде́ле бу́дет теплее́. 3. pers sg	*Nächste Woche wird es wärmer.*

Wird in unpersönlichen Sätzen der Urheber der jeweiligen Handlung (das reale Subjekt) angegeben, so steht er immer im Instrumental:

Ко́шку прищеми́ло две́рью inst.	*Die Katze wurde in der Tür eingeklemmt.*
Кры́шу снесло́ урага́ном inst.	*Das Dach wurde von einem Hurrikan abgetragen.*

Unpersönliche Sätze mit нет, не было, не будет

Das Nichtvorhandensein von etwas oder jemandem wird in russischen un-
persönlichen Sätzen mit Hilfe von **нет** (im Präsens), **не было** (im Präteritum)
und **не будет** (im Futur) zum Ausdruck gebracht. Objekte der Negation stehen
immer im Genitiv:

У нас нет соба́ки gen.	*Wir haben keinen Hund.*
Ра́ньше здесь не́ было ни	*Früher gab es hier kein einziges*
одного́ магази́на gen.	* Geschäft.*
В пя́тницу меня́ gen не бу́дет.	*Ich bin am Freitag nicht da.*

Unpersönliche modale Infinitivkonstruktionen

Reflexivverben in der 3. Person Singular drücken in Sätzen ohne grammati-
sches Subjekt einen Umstand aus, der sich dem Willen des realen Subjekts
entzieht (▶ Kap. 9 Reflexivverben). Das reale Subjekt steht bei dieser Kon-
struktion im Dativ:

Нам dat **прихо́дится мно́го**	*Wir müssen viel arbeiten.*
рабо́тать.	
Ребёнку dat **хоте́лось спать.**	*Das Kind wollte schlafen.*

Auch in persönlicher Form:

Ребёнок хоте́л спать.

Zusammen mit einem Infinitiv werden auch eine Reihe von Modalwörtern ver-
wendet wie z. B. **мо́жно, нельзя́, возмо́жно, невозмо́жно, необходи́мо, на́до,
не на́до, ну́жно, не ну́жно:**

Мо́жно мне dat **съесть**	*Darf (kann) ich das Würstchen*
соси́ску?	* essen?*
По́сле инфа́ркта ему́ dat	*Nach seinem Herzinfarkt darf er*
бо́льше нельзя́ есть	* kein Schweinefleisch mehr essen.*
свини́ну.	
Эту ку́рицу вполне́ мо́жно /	*Dieses Hähnchen kann man*
возмо́жно есть.	* durchaus essen.*
Эту жёсткую отбивну́ю	*Dieses zähe Kotelett kann man*
про́сто невозмо́жно есть!	* einfach nicht essen!*
Эту не́жную осетри́ну	*Diesen zarten Stör muss man*
про́сто необходи́мо/на́до/	* einfach essen!*
ну́жно съесть!	
Эту говя́дину не на́до /	*Dieses Rindfleisch isst man lieber*
не ну́жно есть.	* nicht.*

Das Futur dieser Modalwörter wird durch das Hinzufügen von **бу́дет** und das
Präteritum mit Hilfe von **бы́ло** gebildet. **Бу́дет** und **бы́ло** stehen unmittelbar
nach dem Modalwort:

Futur
Ей на́до бу́дет сказа́ть об э́том.   *Wir werden ihr das sagen müssen.*
Präteritum
Этого не́льзя бы́ло де́лать.   *Das durfte man nicht tun.*
                                            Das hätte man nicht tun dürfen.

Prädikate können in unpersönlichen Sätzen auch aus einem infiniten Verb bestehen, das reale Subjekt steht in diesem Fall im Dativ:

Когда́ мне dat позвони́ть Вам?	*Wann soll ich Sie anrufen?*
Где мне dat пересе́сть?	*Wo soll ich umsteigen?*
Мне dat да́же и спроси́ть не́кого.	*Ich habe ja nicht einmal jemanden, den ich fragen könnte.*

Prädikatslose unpersönliche Sätze

In einigen unpersönlichen Sätzen wird das Prädikat ausgelassen, wenn das Verständnis des Satzes dadurch nicht beeinträchtigt wird:

Ско́лько Вам dat биле́тов? – Мне dat два биле́та, пожа́луйста.	*Wie viele Karten möchten Sie? – Zwei Karten, bitte.*
Ско́лько Вам dat лет? – Мне dat два́дцать во́семь.	*Wie alt sind Sie? – Ich bin 28.*

Die Verwendung der Verben есть, бу́дет, бы́ло mit der Präposition у in der Bedeutung *haben*

Das deutsche Verb *haben* wird im Russischen oft mit Hilfe des unveränderlichen Verbs **есть** (im Präsens) und der Verben **бу́дет** (im Futur) und **бы́ло** (im Präteritum) in Verbindung mit der Präposition **у** (+ Genitiv) zum Ausdruck gebracht.

Die Verben **есть** und **бу́дет** werden oft weggelassen:

У нас есть две возмо́жности. Oder: У нас две возмо́жности.	*Wir haben zwei Möglichkeiten.*
За́втра у меня́ (бу́дет) экза́мен.	*Morgen habe ich eine Prüfung.*
У сосе́да ра́ньше была́ маши́на.	*Unser Nachbar hatte früher ein Auto.*

Sollen Personen oder Gegenstände in Bezug auf ihre äußere Erscheinung oder inneren Qualitäten charakterisiert werden, muss im Präsens **есть** weggelassen werden:

У Ми́ши ка́рие глаза́.	*Mischa hat braune Augen.*
У Ма́ши на́сморк.	*Mascha hat Schnupfen.*
У „Жигуле́й" экономи́чный дви́гатель.	*Der Lada hat einen sparsamen Motor.*

Falsch: **У Ми́ши есть ка́рие глаза́.**

Negation

Negation mit не und нет

Mit der Negationspartikel **не** können im Russischen sämtliche Satzglieder verneint werden. Die Partikel **не** steht immer vor dem zu verneinenden Satzglied:

Он ещё не хо́дит в шко́лу.	*Er geht noch nicht zur Schule.*
Он хо́дит не в шко́лу, а в	*Er geht nicht zur Schule, sondern*
де́тский сад.	*in den Kindergarten.*

Nach einem den Akkusativ regierenden verneinten Verb kann das abhängige Objekt sowohl im Akkusativ als auch im Genitiv stehen:

Мы ещё не купи́ли но́вый при́нтер akk.

Oder:

Мы ещё не купи́ли но́вого	*Wir haben noch keinen neuen*
при́нтера gen.	*Drucker gekauft.*

Zur Verneinung mit **нет** ▶ Kap. 14 Unpersönliche Sätze mit **нет, не́ было, не бу́дет.**

Doppelte Negation mit ни- / ни

Wenn im Satz ein Negationspronomen mit **ни-** verwendet wird, dann muss unbedingt auch das Verb verneint werden. Nach einem den Akkusativ regierenden Verb sowie nach **нет** steht das abhängige Negationspronomen immer im Genitiv:

Он ничего́ gen **не купи́л.**	*Er hat nichts gekauft.*
Там ведь нет ничего́	*Dort gibt es nämlich nichts*
интере́сного gen.	*Interessantes.*
На дискоте́ке она́ ни с кем	*In der Disko hat sie niemanden*
inst **не познако́милась.**	*kennen gelernt.*

Die doppelte Verneinung gilt auch bei der Verwendung der verstärkenden Negationspartikel **ни** vor anderen Wortarten:

Там ведь не́ было ни	*Es war nämlich kein Mensch da.*
еди́ного челове́ка.	

Doppelte Negation mit zwei не

Eine doppelte Negation durch die zweifache Verwendung von **не** hebt die Verneinung auf:

Мы не могли́ не сказа́ть	*Wir mussten es dir unbedingt*
тебе́ об э́том.	*sagen.*
Нельзя́ не заме́тить, что...	*Es ist nicht zu übersehen, dass ...*

Stichwortregister